Les couleurs de la Vie

De la même autrice chez Médiaspaul

Mon pays c'est la relation. Accompagner des personnes âgées, 2021.

VÉRONIQUE LANG

Les couleurs de la Vie

Spiritualité et créativité

MÉDIASPAUL

Médiaspaul reconnaît l'aide financière du Gouvernement du Canada et de la Société de développement des entreprises culturelles du Québec (SODEC) pour ses activités d'édition.

Canada

Société de développement des entreprises culturelles Québec

Catalogage avant publication de Bibliothèque et Archives nationales du Québec et Bibliothèque et Archives Canada

Titre : Les couleurs de la vie : spiritualité et créativité / Véronique Lang.
Noms : Lang, Véronique, auteur.
Description : Comprend des références bibliographiques.
Identifiants : Canadiana (livre imprimé) 20250022370 | Canadiana (livre numérique) 20250022389 | ISBN 9782897604509 | ISBN 9782897604523 (EPUB) | ISBN 9782897604516 (PDF)
Vedettes-matières : RVM : Créativité — Aspect religieux — Christianisme. | RVM: Création (Arts) — Aspect religieux — Christianisme. | RVM: Créativité dans l'art — Aspect religieux — Christianisme. | RVM: Christianisme et art.
Classification : LCC BT709.5.L36 2025 | CDD 261.5/7—dc23

Révision, composition et mise en pages : *Robert Charbonneau*

Maquette de la couverture : *Gianni Caccia*

Photo de la couverture : *peinture de Véronique Lang*

ISBN 978-2-89760-450-9

Dépôt légal — 1er trimestre 2025
Bibliothèque et Archives nationales du Québec
Bibliothèque et Archives Canada

3965, boul. Henri-Bourassa Est
Montréal, QC, H1H 1L1 (Canada)
www.mediaspaul.ca
mediaspaul@mediaspaul.ca

Distribution en France : SODIS
128, av. du Mal de Lattre de Tassigny
77400 Lagny-sur-Marne
portail@sodis.fr
www.sodis.fr

Imprimé au Canada – Printed in Canada

Toile de fond

Une révélation

En guise d'introduction, je voudrais raconter un souvenir personnel qui a eu le goût d'une révélation. Lorsque j'étais dans la quarantaine, j'ai eu l'occasion de vivre plusieurs ateliers proposés par une artiste qui avait à cœur d'allier création et démarche spirituelle. Je me souviens du choc que j'ai éprouvé en participant pour la première fois à l'une de ces activités. La salle avait été soigneusement préparée. Les tables, individuelles, étaient disposées en demi-cercle autour de l'endroit où l'artiste se tenait. Chaque table était couverte d'une nappe de couleur vive, sur laquelle crayons, feutres, ciseaux et colles étaient disposés, ordonnés avec soin, je dirais même avec amour.

Autour du bureau de l'animatrice, sur de petites tables de différentes grandeurs, se trouvait tout un matériel susceptible de stimuler ou d'accompagner notre créativité : des tabliers, des revues d'art bradées dans un marché aux puces, différentes sortes de papiers, des tubes de peintures acryliques, des pots remplis de pinceaux, des corbeilles contenant des éponges, des cutters et des languettes de bois, une abondance formidable qui stimulait mon appétit créatif. Tous ces objets étaient placés dans des contenants variés et inspirants : une petite valise de carton rouge, des paniers, des boîtes décorées, des bocaux… C'est tout juste si je ne salivais pas ! Et j'étais impatiente de commencer à créer.

Mais la révélation était ailleurs : je fus soudain saisie par le sentiment très fort que Dieu lui-même était là, dans ces couleurs, cet ordre, cette beauté, cette offre surabondante et présentée avec tant de délicatesse ; c'était lui ! Sa présence me sautait aux yeux, pour ainsi dire. Je découvrais une facette de Dieu que je ne connaissais pas : Dieu était un artiste ! Dieu était présent, peut-être même qu'il savait s'amuser en créant et nous invitait, m'invitait, à partager ce jeu, à goûter toute la vie qui promettait de jaillir et de se déployer dans l'exercice de la créativité.

Ce souvenir me rappelle un passage du *Discours d'Ignace de Loyala aux jésuites d'aujourd'hui,* de Karl Rahner. Celui-ci imagine Ignace racontant sa rencontre avec le Christ[1]. Ce sont des lignes magnifiques :

> J'ai expérimenté Dieu au-delà de toute image et de toute représentation. J'ai expérimenté Dieu qui ne peut d'aucune façon être confondu avec quoi que ce soit d'autre quand il se fait proche ainsi lui-même dans sa grâce.

1. Karl Rahner, *Discours d'Ignace de Loyola aux jésuites d'aujourd'hui,* trad. Charles Ehlinger, Paris, Centurion, 1979 (allemand 1978), p. 11.

Je peux dire aujourd'hui que ce que j'ai vécu dans ce tout premier atelier était une expérience de Dieu, que j'y ai perçu ce goût de Dieu à nul autre pareil.

J'étais dans l'émerveillement et ressentais une joie profonde : celle de renouer avec une passion présente en moi depuis la petite enfance et celle de découvrir enfin un visage de Dieu qui m'était resté inconnu jusque-là. Une certitude mystérieuse et profonde montait en moi : Dieu aimait les couleurs, les formes, il aimait créer, cela faisait partie de lui.

Cette révélation m'a bouleversée tout en enrichissant considérablement ma vision du cheminement spirituel. Il n'y avait pas « que » la prière, la relecture, la lecture de la Parole, les célébrations, l'amour du prochain, etc. Il y avait désormais ce chemin spirituel, nouveau pour moi, de la créativité. L'amour du dessin, de la peinture, du bricolage et de la danse qui m'habitait depuis toujours était aussi un chemin vers Dieu. Bien plus, la créativité sous toutes ses formes pouvait devenir la modalité, la manière selon laquelle les autres pratiques spirituelles pouvaient être exercées.

Lors de ce premier atelier, je n'aurais pas pu formuler les choses de cette manière. J'étais éblouie par ce que je découvrais. Étonnée, j'en savourais la joie, la nouveauté. J'en pressentais la richesse, mais ce n'est qu'avec le temps que les choses se sont progressivement éclaircies et qu'un chemin, le mien, s'est peu à peu dessiné : je serais celle qui propose une démarche spirituelle par le biais de la créativité. De fait, mon activité, aujourd'hui, ne se limite pas à cette voie particulière, mais c'est bien dans celle-ci que je me sens vraiment à ma place et capable d'offrir une aide que j'espère féconde.

De fait, j'ai eu la joie de constater à plusieurs reprises que les participants aux ateliers que j'allais donner expérimentaient eux aussi une sorte de révélation. J'en veux pour preuve cette anecdote, souvenir d'un atelier de poésie et Journal créatif proposé en 2016. C'était un atelier qui n'avait *a priori* rien de spirituel : pas de texte évangélique ni aucune référence explicite à une transcendance ou à une spiritualité particulière. Il s'agissait en somme de s'amuser sur ce thème de la poésie, de vivre un moment de créativité et de légèreté.

À la fin de l'atelier, j'invitai les personnes participantes à écrire un poème collectif. Sur une page volante, chacune écrivait un premier vers, puis passait la feuille à la personne voisine, qui ajoutait le deuxième, et ainsi de suite jusqu'à ce que tout le monde ait récupéré sa feuille.

Je me souviens de l'étonnement et de l'émotion d'une femme qui, après avoir fait la lecture de son poème, s'était exclamée : « On dirait qu'il y a autre chose qui parle ! » Elle percevait dans son poème une autre voix que la sienne, quelque chose d'inconnu qui s'exprimait, une parole différente ! Autre chose que l'égo, que le discours bien connu, que les histoires qu'elle se racontait habituellement… C'est ce que semblait sous-entendre cette phrase, ce que j'entendais en filigrane. Quelque chose de nouveau jaillissait et parlait !

Cet « autre chose qui parle », cette parole/Parole venue d'ailleurs, d'au-delà de soi, voilà ce qui me fascine depuis plusieurs années. Quels liens mystérieux se tissent entre le processus créatif, que ce soit le dessin, le collage ou l'écriture – et bien d'autres choses encore –, et cette voix qui se met à parler ? Il me semble qu'il y a un lien privilégié entre l'art et la spiritualité, celui-là convoquant celle-ci, parfois à son insu. Je crois que spiritualité et art peuvent s'enrichir et se nourrir mutuellement ; c'est du moins ce que l'expérience m'enseigne, tant dans ma vie personnelle que dans mon travail d'accompagnatrice et d'animatrice spirituelle.

Cocréatrices et cocréateurs

Il y a quelques années, en écrivant une petite chronique[1] sur le thème de la volonté de Dieu, je me suis demandé ce qu'était cette volonté et quel était le désir le plus ardent de Dieu, son souhait le plus cher.

En effet, considérer la volonté de Dieu comme un désir rend cette volonté plus dynamique, plus vivante. Elle sort du cadre de décret figé, de programme préétabli de toute éternité dans lequel nous l'enfermons souvent. Elle devient moins redoutable, plus désirable, justement.

Ce que j'affirmais dans cette chronique, c'est que la volonté de Dieu consiste avant tout en son désir de Créateur, ce mouvement irrépressible qui le pousse, si je puis m'exprimer ainsi, à faire sortir du néant ce qui n'est pas encore, à faire exister toutes choses. Sa volonté, c'est la vie, c'est créer la vie ! Son désir est de nous faire renaître sans cesse, exister de plus en plus,

---

1. Ce chapitre s'inspire d'une chronique intitulée « La volonté de Dieu », publiée au printemps 2020 sur le site de l'Office de catéchèse du Québec.

vivre pleinement et trouver notre lieu de fécondité. Sa volonté est de faire de nous des femmes et des hommes debout, qui créent à leur tour et sèment la vie, qui déploient leur créativité.

Il y a bien des façons dont le Créateur nous sort du néant : il nous appelle à abandonner notre vie routinière parfois médiocre, notre tiédeur, notre indifférence, la peur d'être ce que nous sommes. Il nous insuffle l'audace et le courage de créer la vie, le monde et les relations dont nous rêvons. Il nous incite à sortir de nos sillons bien tracés pour créer du neuf, pour inventer de nouveaux chemins. Lorsque nous consentons à participer à ce grand œuvre, nous accomplissons sa volonté, nous devenons cocréatrices et cocréateurs, nous façonnons avec lui le monde qu'il désire. Jésus aussi a fait preuve de créativité ; nous y reviendrons.

Je crois profondément que la volonté de Dieu, c'est que nous apportions à la construction de ce monde nouveau que les chrétiens nomment Royaume, cette réalité à la fois déjà là et à venir, notre couleur propre, de tout notre cœur et avec toute notre inventivité. Ainsi, la créativité fait partie de notre ADN de créatures et, en tant que disciples du Christ, de notre mission. La créativité n'est pas une option parmi d'autres, une voie secondaire réservée en somme aux êtres portés par nature sur le dessin ou la poésie, aux artistes. Non, elle réside en chacun et chacune de nous qui sommes créés à l'image de Dieu. Et Dieu est avant tout le Créateur, celui qui fait jaillir la vie, l'artiste qui a créé tant de merveilles, depuis les aras colorés, jusqu'aux poissons multicolores, aux pieuvres et aux créatures étranges et magnifiques qui peuplent les abysses des océans, en passant par les montagnes, les plages, les déserts, etc. Et qui nous crée nous, pour prendre soin de tant de merveilles et en inventer une multitude d'autres.

Bien sûr, nous n'avons pas tous et toutes le talent d'un Michel-Ange ou d'un Mozart. Nous ne sommes pas tous et toutes des artistes professionnels. Mais l'appel est là à devenir cocréateurs et cocréatrices, à développer ce potentiel présent en nous, à inventer de façon créative la vie que nous souhaitons, en dépit ou même grâce aux contraintes et aux limites que la vie se charge de placer sur nos chemins. Dieu nous invite à développer notre être créateur dans tous les domaines de notre vie, quel que soit notre âge, notre profession ou notre potentiel intellectuel. Il s'agit de faire grandir cette ressemblance que nous avons avec le Créateur, nous qui avons été façonnés à son image et à sa ressemblance. Le résultat n'est pas ce qui prime. Ce qui compte, c'est le chemin, le processus créatif. Sur ce chemin, qui prendra des formes différentes pour chaque personne, il y aura des obstacles, des déceptions, mais aussi des moments d'épanouissement et de joie véritable, la joie que toute personne ressent lorsqu'elle avance en étant toujours plus fidèle à ce qu'elle porte au plus profond d'elle-même.

La créativité : un doux délire

En réfléchissant sur la créativité, j'ai eu envie de lire les pensées que je pouvais trouver sur le sujet. J'en ai trouvé de tout genre et, globalement, j'ai été déçue. Comment peut-on énoncer, sur un tel thème, des affirmations aussi banales et de façon si conventionnelle ? Cependant, une phrase de Boris Cyrulnik a trouvé grâce à mes yeux : « Il faut avoir une part de délire, c'est la poésie, c'est l'incertitude, c'est l'hésitation, c'est le trouble, et c'est la source de la créativité. »

J'aime cette comparaison entre créativité et délire. Un détour par le dictionnaire étymologique m'apprend que le mot « délire » vient du latin et signifie « s'écarter du sillon ». Autrement dit, délirer signifierait éviter les chemins tracés d'avance, habituels, bien ancrés, pour tenter du neuf, au risque parfois de paraître bizarre ou un peu fou. En lisant cette phrase de Cyrulnik, on se rend compte que la créativité jaillit du délire, de la poésie, de l'hésitation et du trouble. C'est dire, si l'on retourne les choses, que la créativité s'oppose à la logique, aux certitudes, aux convictions et au calme olympien. La créativité, c'est la vie, l'imprévu, le neuf, l'audace, le risque et peut-être les erreurs.

La créativité peut fleurir dans tous les domaines, investir tous les aspects de la vie : la cuisine, la danse, la musique, le jardinage, la couture, la poésie, la littérature et la peinture, naturellement, mais aussi le sport, les relations humaines, la politique, la façon de vivre, etc. Faire du pain est un bel exemple de créativité, car on sent bien, en jouant au boulanger, qu'il se produit une sorte de collaboration avec une force qui nous dépasse : cette poussée de la levure qui fait monter la pâte parle du processus créatif. Il ne s'agit pas juste d'une suite de gestes, il faut encore que la magie opère, que la levure fasse son travail de transformation pour que la pâte lève et que le pain soit réussi.

Ce travail de la levure peut être comparé à l'irruption de l'inspiration : c'est l'écrivain qui a l'impression que le texte s'écrit tout seul et que ses personnages commencent à mener leur propre vie. C'est le peintre qui a soudain l'impression que son pinceau se meut de lui-même. D'où vient ce qui nous est alors soufflé, cet état de grâce ? Pourquoi l'inspiration est-elle au rendez-vous à certains moments et absente à d'autres ? Il n'est pas possible de mettre la main sur elle, de la maîtriser. Elle survient de façon imprévisible, comme l'Esprit qui souffle quand et où il veut. Cet aspect de la créativité souligne bien sa parenté avec la spiritualité.

Pour revenir à l'étymologie du mot « délire » (« s'écarter du sillon »), je voudrais partager avec vous un souvenir. Je devais être dans la trentaine et j'avais déjà élu domicile au Canada. Pour les vacances, j'étais venue passer une dizaine de jours en Suisse. À cette époque, la relation avec ma famille, ou plus exactement ma façon de vivre les relations familiales, était un peu compliquée. Il y avait eu une petite fête familiale à l'occasion de mon anniversaire. À l'issue de la rencontre, une personne très proche m'avait demandé : « Alors, comment tu as trouvé la journée ? » De fait, je l'avais trouvée difficile et j'avais vécu, compte tenu de mon manque de maturité de l'époque, un mélange complexe d'émotions. Je savais que la personne qui me posait cette question s'attendait à ce que je me lance dans un flot de critiques et de plaintes. Nous avions eu maintes fois ce genre de conversations dans le passé. C'était comme si le scénario était écrit à l'avance et qu'il suffisait de le réciter. Mais plutôt que de me lancer dans le récit de mes états d'âme et de mes doléances, je m'entendis répondre : « C'était chouette ! J'ai bien aimé. »

En entendant la question m'était apparue l'image d'un sillon bien tracé, net et profond. Celui des mêmes jérémiades, de la rengaine cent fois reprise. Il semblait m'appeler ; il aurait été facile de l'emprunter et de débiter une fois encore le même refrain. Mais tout à coup, j'avais eu envie, justement, de ne pas emprunter le même chemin. J'avais éprouvé le besoin de dire autre chose, de prendre une voie différente, d'inventer une réponse inédite. La journée n'avait certes pas été facile, mais je ne voulais plus rester prisonnière du même discours. Je voulais poser les jalons, en paroles du moins, d'une autre réalité qui, je l'espérais, allait advenir à un moment donné. Ce jour-là, il me semble que j'ai fait preuve de créativité en renonçant à rabâcher la même chanson triste et en entamant le creusement d'un nouveau sillon.

La créativité est humanisante et s'accommode fort bien de la vulnérabilité. Elle propose un moyen fantastique pour dépasser telle ou telle fragilité et offre parfois la possibilité d'être heureux malgré la souffrance. La créativité peut en effet être considérée comme un « déploiement de la vie à partir de situations de faiblesse ou de vulnérabilité[1] ». À cet égard, l'exemple du peintre Auguste Renoir est particulièrement impressionnant. Atteint de polyarthrite pendant les vingt dernières années de sa vie, il a pourtant peint jusqu'à la toute fin. Son fils parle ainsi de l'évolution de la maladie : « D'année en année, sa figure s'émaciait, ses mains se recroquevillaient, ses doigts se désarticulaient[2]. » On attachait le pinceau à ses doigts déformés, on le

1. Thierry COLLAUD, « Les personnes âgées dans l'Église. Perspectives d'éthique sociale chrétienne », *Lumen Vitae*, vol. LXXIV, n° 3, 2019, Louvain, p. 268.

2. Claude LAMBOLEY, « Deux rhumatisants au soleil du Midi : Renoir et Dufy », dans *Bull Mensuel Acad Sci Lett Montpellier*, 41, 2010, p. 346.

poussait, dans son fauteuil roulant, jusqu'à son chevalet et, malgré les souffrances aigües qu'il endurait la nuit, il était heureux de peindre. En outre, cette période de sa vie a vu l'éclosion d'une œuvre que les spécialistes jugent exceptionnellement riche[1]. Cet exemple semble confirmer l'affirmation de Paul : « Car lorsque je suis faible, c'est alors que je suis fort[2]. »

Selon Valérie Grondin, une art-thérapeute qui travaille dans des unités de soins palliatifs, la personne qui crée est « [a]ncrée dans son ressenti » et elle « accède à ce qui est vivant en elle[3] ». En proposant aux patients de dessiner, l'art-thérapeute les amène à lâcher prise. Pour elle, il s'agit d'avancer ensemble vers l'inconnu : « Dans toute créativité, il y a du doute. J'accepte d'être démunie avec le patient[4]. » Pour des personnes qui sont proches de leur mort, sans savoir quand ni comment cela se passera, cet apprentissage du lâcher-prise devant l'inconnu est extrêmement précieux. En même temps, la soignante enjoint à ses patients d'accueillir leurs sensations, ce qui les enracine dans le présent. Pendant une séance d'art-thérapie, les personnes entrent dans un temps hors du temps qui leur fait du bien et, simultanément, elles sont invitées à vivre plus

1. *Ibid.*, p. 345-361.
2. 2 Co 12, 10.
3. Florence Chatel, « Art-thérapie Les couleurs de la vie », *Panorama*, n° 566, octobre 2019, p. 42.
4. *Ibid.*, p. 41.

intensément l'instant présent. Et Mme Grondin de conclure : « Une séance d'art-thérapie fait bouger les choses en soi, ce dont on n'a pas forcément conscience dans l'instant[1]. » Ce témoignage illustre bien la capacité de la créativité à nous maintenir dans le mouvement et à nous rendre plus vivants, jusqu'au bout.

La créativité est vraiment spirituelle, dans la mesure où elle fait accéder à une vie pleine, une vraie vie. Elle est une source de consolation qui permet de découvrir dans beaucoup de situations difficiles ou douloureuses des chemins inédits qui conduisent vers la vie, la réalisation de soi et un bonheur inespéré.

1. *Ibid.*, p. 43.

La spiritualité : quelques repères

ENCORE UN AUTRE VASTE SUJET, dont le territoire est peut-être encore plus grand et les contours plus flous que ceux de la créativité ! Il y a un nombre presque infini de définitions de la spiritualité. Je n'en ferai pas le tour ici. Je me contenterai d'apporter quelques éléments de réflexion.

Selon un professeur que j'ai connu durant mes années d'études en counseling pastoral, la spiritualité (je cite de mémoire), c'est ce dont on ne peut jamais avoir assez. Si j'ai le goût de croquer du chocolat, j'en mange et, à un moment donné, j'en aurai assez, mon envie aura disparu. Par contre, il en va autrement pour mon désir de beauté, de bonté, d'amour, de paix, de justice, etc. Je ne pourrai jamais en avoir trop, il est impossible que mon désir se tarisse. Définition quelque peu triviale (et qui semble ouvrir la voie à une opposition problématique entre le monde matériel et le monde spirituel), mais qui pointe néanmoins vers quelque chose de juste : ce qui est spirituel est infini. Le spirituel, la spiritualité ouvre un horizon qui n'a pas de limites, et notre soif de spirituel est également illimitée.

En outre, selon moi, ce qui caractérise la spiritualité, c'est qu'elle élève le cœur, soulève l'âme. Elle nous fait grandir, nous humanise toujours davantage. En spiritualité ignatienne, celle à laquelle j'appartiens, il n'y a pas vraiment de différence entre le spirituel et le non-spirituel, entre le sacré et le profane, dans le sens où *tout* peut être le lieu ou l'occasion d'une expérience spirituelle et même d'une rencontre avec Dieu, que d'aucuns appelleront la Vie, le Vivant, l'Univers, le plus vaste, la profondeur, etc. : la rencontre avec quelque chose qui vient d'ailleurs et qui nous dépasse.

La tentation existe de voir la spiritualité comme opposée au monde matériel. Ce serait réduire considérablement le champ du spirituel et le limiter à quelque chose d'éthéré qui renverrait à la conception platonicienne. De plus, ce serait aussi une façon de déconsidérer le matériel, qui n'est guère séparé du spirituel, pas plus que ne le sont – on l'a dit – sacré et profane.

Le christianisme est une religion de l'incarnation. Le fait que Jésus soit né et ait vécu ici-bas confère à notre réalité humaine, corps-âme-esprit, une dignité extraordinaire. Une spiritualité qui méprise ce qui est matériel sous-estime, voire méprise, le corps, ce qui peut entraîner toutes sortes de dérives. Cela a malheureusement souvent été le cas au cours de l'histoire du christianisme et persiste jusqu'à aujourd'hui. Le scandale des abus sexuels qui secoue l'Église catholique depuis quelques années en est une illustration tragique. Une spiritualité équilibrée donne au contraire sa juste place à la réalité matérielle, donc également au corps. Ce n'est qu'en étant bien enracinée dans sa réalité corporelle et dans toute son existence humaine qu'une personne pourra cheminer spirituellement de manière féconde et juste. Le corps n'est pas un ennemi, mais un allié de l'expérience spirituelle.

Je tiens à préciser que je fais une distinction entre spiritualité et développement personnel. La spiritualité, pour moi, ne se confond pas avec une série de pratiques ou d'outils ayant pour but la réalisation et l'épanouissement de l'individu, même si certains éléments (la connaissance de soi, par exemple) et certaines pratiques (la respiration, la marche...) sont naturellement précieux. Mais la spiritualité ne se limite pas à la recherche du bien-être personnel. Elle ouvre sur un horizon beaucoup plus large qui inclut l'Autre, la transcendance et, bien sûr, les autres.

La spiritualité est ambitieuse : ce qu'elle vise, bien au-delà des limites de l'égo, c'est la transformation du cœur de la personne – autrement dit sa conversion profonde – et la transformation du monde. La spiritualité a une dimension collective et terre à terre qu'il est parfois tentant, mais dangereux, de négliger. En langage chrétien, la spiritualité conduit les chrétiens et les chrétiennes à se préoccuper des autres, à les considérer comme des proches (leur *prochain*), à les aimer « comme soi-même » et à construire un monde conforme aux valeurs chrétiennes de justice, de partage, de respect, d'amour : c'est le Royaume. La conversion personnelle n'est qu'une étape ; la personne chrétienne ne se pense pas seule, en vase clos, mais « avec » : elle marche avec son Dieu, avec son prochain et avec toute la création.

Il ne s'agit pas de « s'auto-optimiser », d'atteindre une « meilleure version de soi-même », comme on peut l'entendre depuis quelques années. Au contraire, la bonne nouvelle du christianisme, c'est que Dieu nous aime comme nous sommes, avec nos limites, nos faiblesses, nos erreurs, notre vulnérabilité. Il ne nous demande pas de devenir des *superwomen* et des *supermen*. Il chemine avec nous comme nous sommes. L'œuvre à laquelle nous nous attelons n'est pas d'abord nous-même – notre égo, notre perfection –, mais bien la construction commune du Royaume. Nous n'avons pas à tendre vers un moi idéal, mais à bâtir collectivement le monde dont Dieu rêve et qui est déjà partiellement parmi nous.

Un drôle de couple

Il est rare que l'on soit opposé à la créativité. C'est une notion qui attire la sympathie et que l'on peut associer à des concepts plaisants : la création, l'invention, l'inventivité, la nouveauté, l'inattendu, la surprise, la fantaisie, la vie, la joie, le plaisir. La spiritualité, quant à elle, peut attirer ou repousser, faire rêver ou susciter le rejet. Lorsqu'il s'agit de religions et en particulier de religion chrétienne, la spiritualité peut sembler austère, rabat-joie, moralisatrice, peu en phase avec notre monde actuel. Certaines personnes, croyantes et catholiques, ne vont plus à l'église, car elles ne se reconnaissent plus dans les liturgies qui leur sont proposées. Le rituel figé, immuable, le manque de vie dans la manière de célébrer, l'absence de chaleur humaine dans la communauté, tout cela freine leur envie de pratiquer, parfois jusqu'à l'éteindre complètement.

Mais dans le fond, aussi étrange que cela puisse paraître, il me semble que créativité et spiritualité sont faites pour marcher main dans la main. Elles peuvent s'apporter beaucoup l'une à l'autre. Une spiritualité dépourvue de créativité est à risque de se dessécher, de devenir austère et de se figer dans ses traditions. Grâce à la créativité, elle peut se renouveler et s'adapter au présent sans perdre son identité. À ce titre, les travaux du concile Vatican II ont fait preuve d'une grande créativité pour transformer la liturgie de l'Église catholique au début des années soixante.

La créativité sans spiritualité, pour sa part, encourt le danger de se mettre au service du seul profit ou de la seule gloire personnelle. La créativité de certains chefs d'entreprise est surtout mise au service du gain et du rendement. Il est rare que le but visé soit le bien commun. Il y a là un certain détournement plus ou moins pervers de la créativité, qui, de nature, est désintéressée, tout comme la spiritualité. Toutes les deux font partie du domaine du gratuit, de la grâce. La créativité peut assurer la vitalité et le dynamisme de la spiritualité. La spiritualité, quant à elle, peut offrir des balises éthiques à la créativité, des repères qui lui confèrent sens et profondeur et lui évitent certaines dérives.

La créativité a la particularité de ne pas s'épuiser. En cela, elle est spirituelle. Sa source ne peut jamais se tarir. Il semble même que plus on a recours à la créativité, plus on en a. « Vous ne pouvez pas épuiser la créativité. Plus vous l'utilisez, plus vous en avez[1]. » Ce que j'ai également remarqué, c'est que la créativité est

---

1. Cette phrase est de Maya Angelou, essayiste et poétesse (entre autres) afro-américaine décédée en 2014.

contagieuse : elle se répand et semble s'intensifier dans les ateliers que j'anime. Le groupe encourage la créativité. Si je remarque, par exemple, que quelqu'un froisse un papier de soie avant de le coller, je peux avoir envie de faire la même chose. Ce n'est pas imiter ni copier, mais reprendre à son compte une idée que l'autre a eue et la développer à sa manière, c'est se laisser inspirer par l'autre tout en suivant son propre processus créatif. La créativité de mon voisin ou de ma voisine stimule la mienne, me donne envie d'expérimenter des choses nouvelles, d'emprunter d'autres chemins, d'oser davantage. La créativité se multiplie lorsque l'on est plusieurs à créer dans le même lieu.

J'aime beaucoup exercer ma créativité, et ce, depuis mon plus jeune âge. Je dessinais bien avant de savoir écrire et j'appréciais beaucoup tous les jeux créatifs : inventer des histoires, des jeux de rôles, « faire comme si », etc. Lorsque j'ai commencé à comprendre que la créativité pouvait être mise au service de la spiritualité, qui a également presque toujours fait partie de ma vie, l'aventure a commencé. C'est de cette aventure que je voudrais vous parler dans les pages qui suivent.

Le sujet est vaste, mais pour le propos de ce livre, je me contenterai de parler de ce que je connais un peu au sujet de cette interface entre créativité et spiritualité. Qu'est-ce qui favorise la créativité ? Qu'est-ce qui peut la freiner ? À quelles conditions la créativité peut-elle donner du fruit sur le plan spirituel, favoriser la croissance et l'ouverture à ce qui nous dépasse ? Je me propose d'aborder ces points non pas de manière scolaire, mais à travers la relecture d'exemples triés de ma vie personnelle et de mon expérience pratique d'animatrice et d'accompagnatrice spirituelle.

Amour et création

Dieu est amour, on le sait. Donc, si sa volonté est de créer, créer est un acte d'amour. Dieu crée par amour. Cela nous en dit long sur l'amour. Aimer ne serait pas d'abord désirer que l'autre aille bien, vouloir son bien, mais ce serait, avant tout, vouloir qu'il existe, désirer qu'il *soit*. Aimer serait pousser l'autre à exister à fond, à vivre de tout son être, à être pleinement ce qu'il est. L'amour ne serait pas d'abord d'ordre moral (choisir le bien de l'autre, vouloir son bien), mais bien d'ordre ontologique, pour employer un grand mot.

Comme l'amour chrétien commence avec l'amour de soi, il s'agit donc d'abord d'adhérer à sa propre existence, de consentir à être et même de vouloir être et vivre de plus en plus. On ne parle pas ici d'un mode de vie ronronnant, d'une existence de routine « plate », de fonctionnement sur un mode automatique, mais d'une vie pleine et riche. C'est la vie en abondance que Jésus veut nous donner[1]. Cette parole de Jésus ne fait

1. Jean 10, 10.

que relayer et révéler, me semble-t-il, le désir du Créateur : créer un être humain qui vive à fond son aventure humaine. Cela implique une solidarité avec son prochain, avec la création et une amitié avec Dieu.

Créer et user de notre créativité est donc un acte d'amour qui correspond à notre nature d'enfants de Dieu et qui « fait exister ». La créativité nous invite, nous incite même (j'aime bien ce verbe qui indique un mouvement qui part des tripes plutôt que de l'intellect), à exister, à nous engager dans l'existence, à « nous mouiller » : oser exister, oser parler, oser être soi, sortir des sentiers battus, créer du neuf. Avoir l'audace de montrer nos couleurs, notre originalité, notre spécificité. Saint Vincent de Paul ne disait-il pas : « L'amour est inventif jusqu'à l'infini » ?

J'aimerais illustrer et développer un peu cette inventivité de l'amour, ce lien entre créativité et amour, à l'aide de deux exemples puisés dans mes souvenirs d'enseignante.

Un jour de rentrée, alors que le cours avait déjà commencé, voilà qu'arrive dans ma classe un jeune portant un chapeau noir et une chemise à fleurs style Hawaï, ouverte presque jusqu'au nombril. C'est tout juste s'il ne sifflote pas. Entrée remarquée, on s'en doute. L'élève, très à l'aise, me salue et se dirige vers l'un des bureaux encore libres. Il est assez content de l'effet produit par son arrivée. Je suis un peu sidérée, mais, retrouvant rapidement mes esprits, je lui lance avec un mélange de douceur et d'humour : « Est-ce que j'ai une tête de maître-nageur ? » Toute la classe rit, l'élève rougit et balbutie des excuses, tout en reboutonnant sa chemise. Il est, littéralement, remis à sa place. Sans rudesse, sans humiliation, mais avec une certaine fermeté. D'aucuns pourraient argüer que ma réponse, qui m'avait été inspirée sur le moment, avait un côté frustrant pour mon élève, que je ne le valorisais pas dans sa fantaisie. Je pense au contraire que j'ai pu, sans le heurter, le recadrer et le remettre à la place qui était la sienne. Je l'ai aidé à assumer le rôle d'élève qui était le sien ici et à renoncer au masque d'amuseur public qu'il portait. D'une certaine façon, je l'ai invité à *être* davantage plutôt qu'à s'enfermer dans son rôle de clown ; en cela, je crois que j'ai été aimante pour lui. Cette histoire montre qu'une réponse créative peut faire rire, dédramatiser une situation potentiellement conflictuelle et aider un interlocuteur à se situer de façon ajustée. La créativité peut aussi servir à mettre des limites et à se faire respecter.

Mon deuxième exemple, qui concerne le même élève, illustre le lien entre parole vraie et créativité. Le courage de dire, de parler en vérité est un acte de créativité qui permet la confiance et l'amour. À la fin de l'année scolaire, qui n'avait pas été un long fleuve tranquille pour cet élève, je me retrouvai devant une décision difficile à prendre. Comme toutes les classes du même degré, nous allions partir en voyage d'études à l'étranger. Le voyage durait cinq jours. Or, au vu du caractère un peu dissipé de mon élève, je ne savais pas s'il était sage qu'il fasse partie de l'aventure. Par ailleurs, je reconnaissais qu'il avait fait des efforts en cours d'année. Il y avait des pour et des contre. Je me trouvais devant un vrai dilemme. Plutôt que de prendre la décision seule, comme mon rôle de professeur m'y autorisait, je préférai convoquer l'élève à la fin d'un cours et m'entretenir avec lui, seule à seul.

Je lui tins à peu près ce discours : « Je voudrais te parler du voyage d'études : je ne sais pas si je peux prendre le risque de t'emmener. Il y a des éléments qui plaident en ta faveur, et d'autres qui me suggèrent que je ferais mieux de te laisser ici. En fait, je ne sais pas quoi faire... J'ignore si je peux te faire confiance. J'ai beau y réfléchir, je n'arrive pas à trancher. Qu'est-ce que tu en penses ? » Mon élève, qui était presque toujours dans la séduction et la rigolade, avait changé de visage en m'écoutant. J'avais l'impression de découvrir enfin qui il était vraiment, au-delà de son côté charmeur. Il me semblait aussi que quelque chose se redressait en lui. Le fait que je m'adresse à lui comme à un adulte le grandissait, l'invitait à mûrir et à se tenir debout intérieurement. Il m'assura avec un visage honnête qu'il ferait de son mieux et que je pouvais compter sur lui. Je le regardai longuement, puis je lui tendis la main et déclarai quelque peu solennellement : « D'accord, je prends le risque, je te fais confiance, tu pars avec nous ! »

Je me souviens de sa joie et, surtout, de la mienne. Un sentiment de joie profonde, lumineuse, durable. J'avais l'impression curieuse que le mal avait un petit peu reculé dans le monde grâce à cet échange vrai que nous venions d'avoir. Aujourd'hui, il me paraît que nous avons tous les deux fait preuve de créativité en osant être et parler en vérité. J'avais risqué une parole honnête et il avait répondu avec sincérité. Nous repartions avec un surcroît d'être et un lien de confiance renouvelé ainsi que, du moins pour ma part, une confiance accrue dans l'humanité.

Le voyage se déroula sans trop de difficultés ; il y eut seulement quelques incidents mineurs vite réglés. Le jeune avait à cœur de se comporter de façon responsable et j'avais terriblement envie qu'il y parvienne. Il y eut une difficulté dont j'ai oublié la teneur exacte. Mais nous en avions parlé entre collègues et j'avais décidé de passer l'éponge. Pour concrétiser ce geste de mansuétude, j'avais invité tout le monde à prendre une crème glacée, et la fin du séjour s'était déroulée sans problème.

Ce souvenir m'en rappelle un dernier, plus ancien, qui illustre à nouveau l'importance d'oser parler en vérité et d'exprimer ce qui fait obstacle à des relations fluides. La parole vraie crée les conditions qui permettent l'amour, non pas au sens romantique, mais au sens défini plus tôt : vouloir que l'autre existe pleinement. À l'époque de mes études secondaires, il y avait dans ma classe un élève qui m'impressionnait terriblement. Il était grand, avec des cheveux longs et un air un peu supérieur, comme s'il avait déjà tout vu et tout compris. Il cultivait un certain mystère autour de sa personne et je le plaçai sur un piédestal.

Les bâtiments de notre école étant curieusement répartis dans différents quartiers de la ville, il nous fallait parcourir de grandes distances à pied pour aller d'un cours à l'autre. Lors de l'un de ces déplacements, je me trouvai tout près de ce jeune qui m'intimidait tant. Prenant mon courage à deux mains, je le rejoignis, le saluai, puis je me lançai : « Tu sais, je ne sais pas quoi penser de toi… Je ne sais pas comment te situer. »

Je ne sais plus ce qu'il avait répondu, mais je me souviens très bien du soulagement que j'éprouvai d'avoir pu simplement nommer en vérité ce qui m'habitait. Il me semblait qu'il y avait plus d'espace autour de nous, que je respirais plus librement et que l'avenir s'annonçait sous un jour radieux ! Le malaise était dissipé et nous avions pu, par la suite, avoir des rapports de bons camarades, des relations d'égalité.

Pour moi, cette façon de faire était créative, car je n'étais guère habituée à exprimer mes ressentis. Je les gardais pour moi et évitais les situations embarrassantes. En disant les choses tout simplement, j'ouvrais une voie nouvelle et pleine de vie, une voie créative qui engendre l'amour.

Créer au quotidien

Indisponsable légèreté

C'EST GRÂCE À MON COUSIN PETER que j'ai compris à quel point la beauté et la légèreté sont indispensables pour célébrer la vie.

Cet artiste, graphiste de son métier, incarne pour moi la richesse et la fantaisie que la créativité peut apporter à la vie, lui conférant une dimension à la fois profonde et légère, grave et joyeuse, une note insouciante et spirituelle en même temps. Cette créativité adoucit la vie, accompagne la résilience, met des couleurs dans le quotidien et apporte la joie.

J'étais toute jeune lorsque notre cousin Peter entra dans notre vie. Il venait de Suisse allemande. D'ailleurs, son accent trahissait immédiatement son origine. Mais ce n'est pas sa façon de parler qui impressionnait l'enfant que j'étais, pas plus que sa provenance. Non, ce que j'aimais en lui, c'était lui justement, lui avec sa gaieté et sa bonté, sa joie de vivre, sa force tranquille, sa générosité. Il portait une barbe en collier, des lunettes, et son sourire ne le quittait jamais.

Il était venu étudier quelques années à Genève, et mes parents avaient pris l'habitude de l'inviter à dîner une fois par semaine, le jeudi. Le jeudi était déjà un jour particulier de la semaine, puisque nous n'avions pas d'école. Mais avec les visites de Peter, cette journée prit carrément des allures de fête.

Lorsque Peter sonnait à notre porte, faisant tinter une grosse cloche en bronze qui émettait un son joyeux et clair, je me précipitais depuis notre chambre d'enfants jusqu'à l'entrée. Je ressentais une excitation mêlée de joie. Bien sûr, il y avait les cadeaux. Peter n'arrivait jamais les mains vides, et il apportait toujours quelque chose pour les enfants. Le plus beau cadeau fut un ensemble de tubes de peinture pour peindre avec les doigts. Une vraie merveille ! Je revois la belle pâte aux couleurs vives, bleu, jaune, rouge, les traits épais que nous tracions avec délices sur de grandes feuilles, du bonheur en tubes ! Mais le vrai cadeau, c'était Peter lui-même. Contrairement à mon père, qui semblait par moments accablé par de sombres pensées et accaparé par des préoccupations visiblement très lourdes, notre cousin était toujours de bonne humeur. Il riait de nous voir, ma sœur et moi, si heureuses de l'accueillir et nous serrait dans ses bras. Il incarnait la joie de vivre, le bonheur d'être sur la terre, la face ensoleillée de l'existence. Il riait souvent et appréciait la bonne chère, il aimait l'art, les enfants et la beauté.

Peter avait beaucoup de talent. Ses œuvres étaient toujours très personnelles, originales, pleines de vie et de couleurs. Plus tard, dans mon petit appartement près du lac, je gardai longtemps une de ses sérigraphies, envoyée à l'occasion de Noël. On y voyait les trois mages avec leurs dromadaires, qui progressaient vers Bethléem à travers le désert, dans un magnifique camaïeu d'orangés, de rouges et de jaunes.

Plusieurs années plus tard, Peter vint à Genève pour que nous puissions faire la connaissance de son épouse. Je me souviens qu'ils portaient tous deux des pantalons de jeans dont les jambes étaient extrêmement larges, selon la mode de cette année-là. J'avais trouvé cela fantastique. J'aimais son penchant pour ces détails futiles. Futiles et tellement nécessaires.

Ces derniers mots me font penser à un article lu récemment. Anne-Dauphine Julliand y parlait du petit moment qu'elle consacre, souvent le soir, à se faire les ongles. Quoi de plus léger ! Et pourtant, ce rituel lui est devenu indispensable, elle qui a perdu trois de ses quatre enfants. C'est un moyen, créatif qui plus est, d'affirmer que la vie est là, qu'elle continue et qu'elle mérite d'être célébrée par tous les moyens possibles, aussi superficiels ou frivoles qu'ils puissent paraître.

Bien plus tard, alors que ma mère était en train d'organiser une fête pour mes cinquante ans, je lui avais demandé d'inviter Peter. Il avait pris le train et était venu, seul. Il m'avait offert un de ses anciens dessins humoristiques. Très touchée, j'avais emporté ce petit cadre au Québec. Il représente un homme-violon, comme lui seul pouvait en imaginer un (un être mi-humain, mi-instrument de musique), et un violoniste qui s'apprête à jouer de ce drôle d'instrument sous la direction d'un chef dont on ne voit que le bras et la baguette. Il est daté de 1965, l'époque où notre cousin venait régulièrement chez nous, l'année de mes sept ans.

Peter est à l'opposé de l'artiste maudit ou torturé. Pour lui, l'art et le bonheur font très bon ménage. Merci, Peter, de m'avoir montré la vie, la joie et la fantaisie que l'art et la créativité peuvent nous offrir.

Le goût du bonheur

LES VENTES DE PAROISSE qui ont rythmé mon enfance étaient l'occasion d'un extraordinaire déploiement de créativité qui a eu une forte influence sur moi. J'étais témoin du bonheur que produisaient toutes ces merveilles inventées et confectionnées avec amour, tant chez les personnes qui les créaient que chez celles qui en profitaient. Cette créativité était intimement liée à la convivialité et à la joie. Elle nourrissait et embellissait la vie communautaire. Elle m'ouvrait à un savoir-faire artistique et artisanal mis au profit de la solidarité. En effet, les gains réalisés étaient destinés aux œuvres sociales de la paroisse. Cela permettait, entre autres, d'offrir des vacances à des familles sans grands moyens financiers. Ces ventes étaient organisées grâce au travail de nombreuses personnes, toutes bénévoles. Personne ne comptait ses heures. La générosité allait de soi. C'était pour moi l'entrée dans un monde où le travail s'accomplit tout naturellement dans la gratuité.

La vente, organisée annuellement lors d'un samedi printanier, se tenait dans les locaux paroissiaux. Sur cet événement se concentrait, longtemps à l'avance, une bonne partie de l'énergie et de la créativité de ma famille.

L'une de mes grands-tantes confectionnait des caramels mous qui se vendaient dans des petits sachets de cellophane enrubannés. Elle apportait aussi des gâteaux appelés cakes qui étaient déposés sur la table de la pâtisserie et elle contribuait également aux autres stands avec toutes sortes de créations artisanales : cintres recouverts d'un travail au crochet, petits sacs en tissu remplis de lavande, tabliers (avec des poches), sans compter tous les autres ouvrages que ma mémoire a laissé s'enfuir.

Une autre de mes grands-tantes sortait de ses sacs gâteaux et confiseries ainsi que des travaux d'aiguille ou de broderie. Elle prenait place à l'un des stands et se transformait en une merveilleuse vendeuse, chaleureuse et convaincante. Les truffes au chocolat qui disparaissaient en un clin d'œil étaient l'une de ses spécialités, et j'en raffolais. Ma tante était aussi douée pour la confection d'articles de layette : chaussons crochetés aux couleurs tendres, minuscules vestes tricotées à capuchon, bonnets et bavettes, tout lui réussissait.

Ma grand-mère s'occupait des vêtements usagés. Durant toute l'année, elle récoltait sa marchandise dans l'une des pièces de son appartement transformée en vestiaire. Elle les classait, les étiquetait selon leurs tailles et leur accrochait des prix qui défiaient toute concurrence. Au fil des ans, ses amies et ses connaissances avaient pris l'habitude de lui apporter des éléments de leur garde-robe dont elles voulaient se défaire ou encore l'ensemble des vêtements d'une personne proche qui était décédée. Elle accomplissait ce travail de fourmi avec bonne humeur et trouvait tout naturel de le faire gracieusement.

Mes parents fournissaient généreusement le stand des livres d'occasion. Mon père, en effet, passait régulièrement en revue sa très vaste bibliothèque et remplissait des cartons entiers avec les ouvrages dont il avait décidé, raison oblige, de se départir, non sans douleur. Sa contribution était fort appréciée, bien que je me demande aujourd'hui qui pouvait bien acheter les œuvres qu'il apportait : poésie allemande, traités philosophiques, ouvrages théologiques...

Il y avait bien entendu de nombreux autres stands : bijoux, brocante, antiquités, jouets usagés.

À l'heure du repas, les trois sœurs confiaient leurs stands à des remplaçantes et allaient rejoindre l'équipe des femmes de la cuisine pour les aider à remplir et à servir les assiettes.

Lorsque nous arrivions, en famille, l'ambiance battait déjà son plein. Nous avions à peine le temps de faire un premier tour de la salle que le repas de midi était prêt. Après le plat de résistance, nous allions choisir le dessert de notre choix.

Parfois, une salle était réservée aux enfants. Je me souviens en particulier d'un film documentaire qui avait été projeté là et qui avait produit un effet durable sur moi. On y voyait des Inuits construisant leurs igloos, luttant contre le froid, chassant phoques et loups de mer pour se vêtir et se nourrir. Je revois leurs visages basanés, entourés de fourrure, leur peau burinée comme du cuir, leurs yeux bridés pleins de sourire. Je me souviens avec beaucoup de netteté d'une scène particulière. Une maman mâchait longuement de la viande avant de donner la bouchée ainsi préparée au bébé qu'elle tenait contre elle. Ce qui m'aurait paru dégoûtant dans un autre cadre me semblait certes inusité, mais tout à fait compréhensible et respectable dans des circonstances aussi extrêmes et particulières.

Je crois que je dois à ce genre de projections mon goût pour les gens et les mœurs de contrées lointaines. Plus tard, les lectures, les visites au Musée d'ethnographie – si fier, à l'époque, d'exposer son authentique momie inca rendue depuis à son pays d'origine – et surtout les voyages devaient me permettre de donner libre cours à ce goût d'ailleurs.

Le temps passait vite lors de ces après-midi de vente, surtout lorsqu'il y avait de l'animation pour la jeunesse. C'était bientôt le temps du goûter, une nouvelle occasion de ramasser quelques sous en vendant thés et cafés accompagnés d'une pointe de tarte aux fruits.

Ces ventes avaient un goût de bonheur et de sécurité pour moi. J'y voyais réunis ceux et celles que j'aimais, tout en ayant l'occasion de rencontrer d'autres gens et de contempler toutes sortes d'objets qui stimulaient mon imagination. Et quand il y avait un film au programme, c'étaient des fragments de contrées lointaines qui me parvenaient, pour ma plus grande joie. Au-delà des caramels familiers, c'était l'ouverture au monde qui m'était offerte, et je me découvrais un grand appétit pour cette nourriture-là. Ces journées aiguisaient ma curiosité, creusaient mon goût de la découverte et élargissaient mon univers.

Un chemin de liberté

LA CRÉATIVITÉ est étroitement liée à la liberté. Elle en est l'une des facettes. Elle ne pourrait pas exister sans liberté, puisqu'elle consiste à sortir des chemins balisés pour envisager de nouvelles possibilités. Comme le dit Thierry Collaud, qui a largement inspiré la réflexion de ce chapitre :

> L'humain [...] est un être de liberté, c'est-à-dire qu'il peut produire du neuf, de la surprise et en même temps recevoir du neuf et de la surprise de la part d'autres êtres libres[1].

Qui n'a pas été frappé de constater à quel point les réactions devant une même situation peuvent varier d'un individu à l'autre ? Telle personne confrontée à une maladie qui la prive progressivement de son autonomie physique considère que sa vie n'a plus de valeur et demande à mourir. Elle a le sentiment qu'elle ne peut plus vivre dans la dignité et n'a plus de possibilités

1. Thierry COLLAUD, « La qualité de vie, une notion (trop) ambigüe », dans *Alzheimer, une personne quoi qu'il arrive,* coll. Études d'éthique chrétienne, NS 6, Academic Press Fribourg, 2013, p. 33.

d'être heureuse. Une autre, atteinte du même mal, se réjouit de ce qui lui reste et apprécie la compagnie de ses proches. Ensemble, ils inventent des façons créatives de rendre son existence la plus riche possible. Sa vie est certes différente, elle n'est plus comme avant, mais elle n'en a pas moins de prix à ses yeux. Elle y est très attachée et ne se sent pas atteinte dans sa dignité.

On le voit, la qualité et la valeur de la vie sont évaluées de façon très différente d'une personne à l'autre. En réalité, il s'agit, selon Thierry Collaud, de différencier la Vie avec majuscule, comme potentialité dont nous ne pourrons jamais explorer toutes les facettes ni toutes les couleurs, de notre vie concrète et nécessairement limitée. La première est une vie en abondance, pleine, entière, infinie et inépuisable. Elle nous dépasse, elle est transcendante. La seconde est conditionnée par nos choix, nos faiblesses et les aléas de l'existence.

Cette vie, imparfaite, est néanmoins le terrain sur lequel la Vie avec un grand *V* cherche continuellement à se manifester, quels que soient par ailleurs les handicaps ou les souffrances qui sont là. Nul ne sait quand et comment cette Vie qui nous échappe toujours un peu va advenir, à quel moment le sujet va se laisser traverser par elle. L'être humain reste imprévisible et surprenant, et c'est pourquoi certaines personnes se déclarent heureuses même atteintes du syndrome d'enfermement (*locked-in syndrome*). Elles ont su, contre toute attente, convier la Vie en abondance et en savourer le goût à l'intérieur de leurs grandes limitations. En effet, la liberté demeure même chez les personnes très limitées ou handicapées, elle « dit la possibilité qu'a l'être humain de ne pas se laisser enfermer dans un cadre, mais d'être sans cesse en capacité de déployer son humanité de manière neuve et inattendue[1] ».

La vie que l'on voit, que l'on vit, est toujours partielle, et en quelque sorte, « provisoire[2] », elle n'a pas le dernier mot, dans la mesure où nul ne sait quand cette vie banale laissera jaillir et s'exprimer la Vie que rien ne peut contenir et qui donne du goût à l'existence. L'être humain, quoi qu'il arrive et à cause de la liberté, garde « cette capacité d'inventer toujours de la vie même dans les conditions les plus insatisfaisantes[3] ». La Vie veut continuellement naître, et notre liberté pousse notre créativité personnelle et collective à trouver des moyens pour la laisser s'exprimer dans nos existences. Toujours selon Thierry Collaud, il existe « un modèle du *ne-pas-encore-être,* c'est-à-dire du bonheur ou de la joie toujours encore possible malgré et au milieu des difficultés[4] ». Faire usage de notre liberté, c'est avoir recours à notre créativité pour laisser cette Vie naître et s'exprimer.

La liberté, c'est aussi le choix de résister : aux habitudes, aux rails bien tracés, et aussi au malheur et au

1. *Ibid.,* p. 33.
2. *Ibid.,* p. 36.
3. *Ibid.,* p. 42.
4. *Ibid.,* p. 30.

poids du désespoir. La liberté de rester créatifs même dans des situations extrêmes. L'automne passé, on avait affiché dans le kiosque de la place près de laquelle je travaille nombre de citations inspirantes. L'une d'elles m'avait beaucoup impressionnée : « Il est difficile d'écrire des poèmes sous les obus. Mais il est encore plus difficile de ne pas en écrire. » L'activité artistique, créative par excellence, permet de résister et d'entretenir la vie même quand cette dernière est menacée de toute part. Lorsque je revins la semaine suivante avec l'intention de noter le nom de l'auteur de cette incroyable affirmation, toutes les citations avaient été ôtées et le kiosque avait repris son aspect habituel. Mais la parole s'était inscrite en moi, fruit d'un auteur maintenant anonyme, mais dont je salue ici l'audace et la sagesse.

Renverser les perspectives

La créativité peut surgir de façon inattendue à l'écoute d'une parole évangélique. Monique en a fait l'expérience d'une façon marquante qui a changé le cours de sa vie. Elle a lu un jour quelques versets qu'elle connaissait très bien, mais dont les mots l'ont percutée comme s'ils venaient d'avoir été inventés pour elle.

Monique vivait depuis peu dans un nouvel environnement, une colocation avec quelques personnes qui étudiaient aussi à l'université : une jeune femme et deux garçons. La vie se passait relativement bien sur le plan du partage des tâches pratiques, mais les relations étaient tendues, surtout avec Anne et Christophe, qui avaient tous les deux quelques années de plus qu'elle. Monique se sentait jugée par eux, elle avait l'impression qu'ils la considéraient avec mépris et ne la prenaient pas au sérieux. Tout cela avait un goût de déjà-vu très pénible. En effet, durant toute son enfance, elle avait été le bouc émissaire de ses deux frère et sœur aînés. C'était comme si l'histoire se répétait et réactivait ses blessures. La situation la faisait tellement souffrir qu'elle songeait même à déménager dans un autre lieu de vie.

Mais un matin, alors qu'elle lisait l'évangile du jour, elle fut frappée par la parole suivante : « Eh bien ! Moi je vous dis : aimez vos ennemis et priez pour ceux qui vous persécutent [...][1]. » Elle avait souvent entendu cette parole, mais elle l'avait toujours trouvée hermétique et peu attirante : « Il faut être une sainte pour parvenir à aimer ses ennemis, se disait-elle, ce n'est certainement pas pour moi ! » Mais cette fois, les mêmes mots prenaient une tout autre signification, ils se mettaient à lui parler vraiment et à éclairer sa situation d'une lumière nouvelle.

Ses ennemis – elle en prenait soudain conscience – avaient été son grand frère et sa grande sœur qui l'avaient toujours mise de côté, exclue de leurs jeux et de leurs sorties, tenue à l'écart. Quand ils lui adressaient la parole, c'était pour la houspiller ou se moquer d'elle. À leurs yeux, elle n'était qu'une enfant stupide qui ne méritait aucune attention. Une fois adultes, tous les deux s'étaient établis à l'étranger et avaient coupé tout lien avec elle.

Et voilà que, dans sa colocation, la vie la replaçait dans une situation similaire, avec deux personnes qui jouaient – ou plutôt à qui elle faisait inconsciemment tenir – les rôles de ses frère et sœur aînés. Cette parole, elle en prenait conscience, c'était l'occasion de

1. Matthieu 5, 44.

renverser la situation, de la vivre autrement en sortant de sa position de victime, en s'exprimant, en prenant sa place et en changeant de regard. Il était hors de question qu'elle quitte cette colocation. Elle allait rester, au contraire, et profiter de cette configuration humaine bien connue pour changer le scénario de leur vie commune.

Peut-être que c'était cela, « aimer ses ennemis » : regarder ses camarades comme des êtres humains singuliers, uniques, et non comme des réincarnations de figures familières. Aimer, c'était sortir de ses projections et de ses transferts pour donner la chance au trio qu'elle formait avec Anne et Christophe de fonctionner autrement. Il lui revenait d'être créative : il fallait qu'elle écrive une autre partition, pour prendre une image, afin que ses camarades et elles jouent une musique nouvelle, différente de celle qui avait résonné dans son enfance. Elle voulait cesser de voir ses colocataires comme des bourreaux.

Aimer ses ennemis, c'était arrêter de les considérer comme des ennemis, justement, sortir du regard limitant qui était le sien ; voir la réalité avec des yeux neufs et se comporter sans suivre de scénario écrit à l'avance.

Désormais, les choses se mirent à changer. Monique n'entendait plus, dans les propos de ses colocataires, la tonalité sarcastique qui la faisait souffrir auparavant. Elle ne percevait plus le mépris dans leurs yeux et s'aperçut qu'ils la regardaient, la plupart du temps, avec bienveillance et respect. Lorsqu'une parole la heurtait, elle prenait le temps de vérifier ce que Christophe ou Anne avait voulu dire et s'apercevait souvent qu'elle s'était méprise sur leur intention.

La parole entendue un matin avait suscité une lumière qui lui permettait de porter un nouveau regard sur sa situation et suscitait le désir d'user de sa liberté et de sa créativité pour changer ce qui était source de souffrance et construire son bonheur.

Vive les contraintes !

CERTAINES CONTRAINTES, loin d'étouffer la créativité, peuvent au contraire l'orienter et la favoriser, lui donner du souffle. Un peu comme l'air qui attise le feu et en soutient la vigueur. Les contraintes mettent des limites et posent un cadre qui peut sécuriser et, paradoxalement, stimuler la créativité.

Dans les années soixante-dix, l'école a été beaucoup critiquée : on affirmait que les notes brimaient les élèves, que tous les enfants étaient forcés à entrer dans le même moule, que leur créativité était étouffée, etc. Ce n'est toutefois pas du tout l'expérience que j'en ai faite. Il est vrai que l'ambiance scolaire me convenait assez bien et que je n'avais pas de grosses difficultés. Je n'ai jamais été première de classe, mais je me débrouillais.

Mes branches préférées étaient celles qui requéraient le plus de créativité : la composition française et le dessin. Dans les deux branches, il y avait des contraintes. Mais loin de me freiner, ces contraintes devenaient comme les règles d'un jeu dans lequel j'entrais volontiers.

Lors des après-midi de dessin, nous recevions tous une grande feuille blanche et une boîte de néocolors[1], mais il n'était pas question de dessiner ce que nous voulions ; le thème n'était pas libre, c'est la maîtresse qui nous le donnait. Cette imposition ne me posait aucun problème, c'était même stimulant, surtout quand une contrainte supplémentaire était ajoutée. Par exemple, le thème pouvait être une ville d'Afrique du Nord, et la contrainte, le fait de ne pouvoir utiliser que trois couleurs. La maîtresse avait dessiné au tableau quelques images « typiques » qui nous donnaient une idée de la forme des maisons, des fenêtres, des portes et de la gamme de couleurs qui dominait. Nous pouvions nous en inspirer. À chaque élève ensuite de créer sa ville et de choisir ses teintes.

Il y eut aussi le thème du fond marin, ou celui de la volière, au néocolor blanc sur fond noir. Je me souviens d'oiseaux merveilleux que j'inventais, avec des crêtes sur la tête et de longues queues dont les extrémités dessinaient d'élégantes arabesques. Une fois que les explications avaient été données, je m'adonnais avec passion à mon dessin. Les murs de la salle s'effaçaient, mes camarades et même la maîtresse s'estompaient pour laisser le champ libre au monde enchanté que je

1. L'équivalent des pastels gras ou des craies de cire (par exemple de la marque Crayola).

créais sur ma feuille. Tandis que mon dessin prenait forme, j'entrais véritablement dans une autre dimension et je goûtais le plaisir sans mélange d'inventer un univers qui n'existait pas encore et qui dévoilait peu à peu d'indicibles promesses de bonheurs inconnus.

Dire que les cours de dessin me plaisaient est bien trop faible. J'adorais ces moments. Lorsque la maîtresse annonçait que l'après-midi y serait consacré, j'étais au paradis. Je me plongeais dans ces quelques heures avec délice. Le temps qui passait si lentement pendant les cours de conjugaison ou de géométrie semblait suspendu. J'aurais voulu que ces plages créatives ne finissent jamais. Je n'avais aucune peine à puiser dans les ressources de mon imagination. Les heures étaient toujours trop courtes, la feuille trop petite pour contenir tout ce que j'aurais voulu représenter. C'est à regret que je rangeais mon matériel lorsque la période consacrée au dessin touchait à sa fin. La joie que je goûtais en dessinant avait une dimension d'éternité : plus j'y goûtais et plus elle s'intensifiait. J'avais l'impression qu'il était impossible d'en avoir jamais « assez », ce qui est bien, comme nous l'avons vu, la spécificité d'une expérience spirituelle.

L'approche pédagogique de ma maîtresse pour nous apprendre l'art de la composition était similaire. Elle ne se contentait pas d'indiquer un thème, elle nous proposait également un modèle, une sorte de petit texte exemplaire qu'elle appelait « schéma ». En nous basant sur ce canevas, il s'agissait de composer notre propre texte. La contrainte était grande, mais j'aimais beaucoup cet exercice. Le schéma était comme les portées d'une partition sur laquelle j'étais libre de composer ma propre mélodie. J'aimais les mots, leurs sonorités, j'aimais les combiner afin de créer le rythme qui serait doux à mes oreilles et le sens qui aurait une richesse d'évocation particulière. À mes yeux, il s'agissait tout simplement d'imiter, ce n'était pas compliqué. Composer des phrases, suivre un modèle, c'était facile. Je dirais même que le fait d'avoir une contrainte, comme pour le dessin, stimulait ma créativité. Écrire devenait un jeu, là encore, dont il fallait respecter les règles, mais un jeu tout de même, avec tout le plaisir lié à cette activité.

La maîtresse appréciait mes textes. De temps en temps, elle les lisait tout haut devant la classe, avant de rendre sa copie à chaque élève. Heureusement, cela ne m'a valu aucune hostilité de la part de mes camarades, peut-être parce que mes résultats dans d'autres branches étaient nettement moins remarquables.

Je me souviens d'une copie sur laquelle, malgré plusieurs fautes d'orthographe, la maîtresse avait inscrit un gros six, la note maximale, accompagné du commentaire suivant : « Ta maîtresse te tire son chapeau ! » J'en fus à la fois touchée et très fière. Plus important encore, ce succès nourrissait ma confiance dans ma capacité à m'exprimer de manière créative et encourageait ma joie de créer.

Liberté totale ?

LAISSER AUX ÉLÈVES une trop grande liberté ressemble parfois à un abandon. La créativité a besoin d'être accompagnée, guidée, encouragée par des consignes et des outils pédagogiques, stimulée par des enseignants intéressés et bienveillants. Comme d'autres aspects de la personnalité, la créativité s'éduque, évolue et grandit. Des balises l'aident à se déployer.

Le bonheur éprouvé lors des cours de dessin à l'école primaire ne s'est pas renouvelé à l'école secondaire. Je garde d'ailleurs très peu de souvenirs de cette période. À l'âge de quinze ans, j'entrai au collège. Et là, je garde un souvenir cuisant du premier cours de dessin. Je n'arrive plus très bien à voir intérieurement notre professeur d'arts, alors que je pourrais décrire avec beaucoup de détails la maîtresse dont j'aimais tant les cours de composition et de dessin : son nom, sa coiffure, sa démarche, sa silhouette, ses yeux foncés, l'intensité de son parfum, son style vestimentaire, strict mais « classe », ma mémoire a tout emmagasiné.

Par contre, à propos de ce premier professeur de dessin du secondaire, mes souvenirs sont on ne peut plus flous : un homme d'âge moyen, de stature normale… Rien à signaler. Par contre, j'ai bien retenu ce qu'il nous a dit lors de la première leçon de l'année : « Vous êtes complètement libres. Vous pouvez dessiner ce que vous voulez, comme vous voulez, avec le médium que vous voulez. » Aucun enthousiasme dans sa voix, point de chaleur dans ses consignes. On aurait dit que ce que nous allions faire, ou pas, lui était complètement égal.

Je me rappelle mon étonnement et ma perplexité. Et surtout, mon manque total d'inspiration. Je ne savais pas quoi faire, je n'avais pas d'idées et, bien pire encore, je n'avais pas envie de dessiner. Les mots du professeur m'avaient coupé les ailes. La guidance structurante de ma maîtresse d'école primaire avait fait place à un grand vide, une absence d'accompagnement qui me pesait et m'empêchait d'avoir accès à ma créativité.

Lorsque j'enseignais moi-même à des élèves du début du secondaire, il m'arrivait de devoir remplacer l'un ou l'autre de mes collègues au pied levé. Lorsqu'il s'agissait de classes réputées difficiles (l'une d'elles avait pour surnom le « Bronx » …), il fallait surtout veiller à ce que les élèves restent relativement calmes. Personne ne s'attendait à ce qu'un « vrai » cours soit donné. Si l'enseignant remplaçant permettait aux élèves de faire ce qu'ils voulaient, c'était le chahut garanti. Mieux valait – c'est du moins ce que l'expérience m'avait appris – proposer un jeu. Le mot « jeu » était bien accueilli, qui s'opposait dans l'esprit des élèves aux notions de travail et d'apprentissage. On allait s'amuser, ce n'était pas sérieux. Le jour où je dus remplacer un cours au Bronx, je proposai aux élèves de trouver des mots commençant par une lettre donnée et appartenant à différentes catégories : animaux, pays, plats, sports, célébrités, végétaux, etc. Le premier ou la première qui avait trouvé un mot pour chacun de ces différents secteurs avait gagné. C'était une activité plutôt exigeante pour les élèves, mais... c'était un jeu !

Les jeunes du Bronx se laissèrent prendre par cette activité ludique et en oublièrent de chahuter. En sortant de la salle de classe, à la fin de l'heure, je me sentais bien, réconfortée, heureuse d'avoir su capter l'attention de ces élèves réputés difficiles. J'étais remplie de confiance en l'humanité et en mon avenir personnel d'enseignante !

Quel rapport avec l'entière latitude que nous laissait mon professeur de dessin du collège ? Il me semble simplement que l'invitation à une liberté totale n'est pas quelque chose de constructif. Cela ressemble presque, je l'ai dit, à un abandon. Comme si le professeur ne se souciait pas vraiment de nous aider à créer, à progresser. Ainsi que je l'avais expérimenté moi-même à l'école primaire, l'encadrement par des propositions claires et balisées aide paradoxalement les élèves à avoir accès à leur créativité. Ces propositions les rassurent et encouragent leur implication.

Je trouve étrange de constater que je me souvienne si bien de la personne qui savait stimuler notre créativité et poser les conditions de son déploiement, et si peu de celle qui nous laissait complètement libres. Comme si ma mémoire avait spontanément enregistré ce qui touchait à la personne qui m'avait permis de ressentir tant de joie à créer et fait l'impasse sur celle qui m'avait déçue.

La peinture à numéros passe pour être une sous-catégorie artistique, une activité peu créative. En effet, tout est « dicté » : le dessin est simplement à compléter en appliquant la couleur déterminée à l'avance et indiquée par un numéro sur chaque parcelle de l'image. On ne choisit rien, on obéit à ce qui est suggéré : du simple coloriage. Et pourtant… Il y a longtemps, l'un de mes collègues avait commencé à apprécier ce loisir et il mettait beaucoup de soin à peindre ses canevas numérotés. Quelques années plus tard, quelle ne fut pas ma surprise et mon émerveillement de découvrir la signature de cet homme sur certaines œuvres d'une exposition collective ! Il s'agissait de vitraux, magnifiques et très personnels. Mon collègue avait parcouru le chemin qui l'avait conduit de la peinture à numéros à une expression artistique originale et aboutie qui me plaisait beaucoup.

Il n'y a rien de méprisable ou de trop simple en matière de créativité : un moyen apparemment ennuyeux et dépourvu de toute fantaisie peut permettre à certaines personnes de réveiller l'artiste qui sommeille en elles. Mon collègue en a été la preuve réjouissante.

Retournement de situation

L'ENSEIGNEMENT n'était pas toujours facile, surtout en fin de journée. Les élèves étaient souvent surexcités et peu réceptifs. Je me souviens d'un après-midi en particulier…

Je suis très fatiguée. Il me reste encore une période de cours à donner, la dernière de ce mardi. Je n'ai aucune envie d'y aller, je me sens sans force et, cerise sur le gâteau, mes cheveux sont sales ! Les élèves ne vont faire qu'une bouchée de moi, je n'ai pas la force de me battre pour m'imposer. Je les imagine déjà faisant les quatre cents coups dans la classe et lançant des avions de papier au-dessus de ma tête…

Par chance, je croise une collègue que j'aime beaucoup ; elle tient dans les mains une superbe balle, de la taille d'un ballon de football, mais recouverte d'un tissu très doux, sorte de velours de différentes couleurs. Elle vient de l'utiliser avec sa classe et veut bien me la prêter.

Le ballon dans les bras, la serviette coincée sous le coude, je m'approche de ma salle de classe. Un coup d'œil me suffit pour mesurer l'état d'esprit de mes élèves, qui crient et se bousculent tout près de la porte : ils sont déchaînés. En même temps, et peut-être grâce à la douceur du ballon, je sens que mon attitude intérieure se modifie. Quelque chose s'attendrit. Je perçois ces élèves bruyants comme des amis plutôt que des ennemis à combattre. Je constate que je suis d'accord d'être là, avec ma fatigue, avec cet horaire défavorable et mes élèves surexcités. Je consens à vivre ce moment, je choisis de le vivre le mieux possible et j'ai même *envie* d'être là ! L'état de mes cheveux n'a plus aucune importance.

J'ouvre la porte et laisse entrer la classe dans le plus grand chahut. Je dépose mes affaires sur le bureau qui m'est imparti et, avec mon ballon dans les mains, je m'approche du premier rang en souriant. Les élèves sont intrigués et le silence se fait petit à petit.

— Vous êtes fatigués, vous n'avez aucune envie de travailler. Ça tombe bien ! J'ai justement quelque chose pour les élèves qui n'ont pas envie de travailler ! Nous allons jouer !

Nous nous mettons alors en cercle, autant que faire se peut avec des pupitres placés en rangs.

— Allez, on compte : je lance le ballon à quelqu'un en disant un chiffre en allemand. Celui ou celle qui reçoit le ballon dit le chiffre suivant, toujours en allemand, puis le lance à quelqu'un d'autre.

Nous jouons ainsi avec les chiffres, puis nous passons aux adjectifs. Les consignes me viennent tout naturellement sans effort. Les élèves jouent le jeu, sont concentrés, se donnent de la peine. Ils aiment recevoir le ballon si joliment coloré, toucher sa surface toute douce, le lancer à l'élève suivant. Le temps passe et déjà la cloche sonne.

Les élèves partis, je m'assieds quelques minutes en contemplant mon bel objet. Je réalise que ma fatigue s'est dissipée et que je suis profondément joyeuse. Quelque part, par la magie de ce ballon, j'ai pu rejoindre mes élèves dans l'état qui était le leur et ils ont tout naturellement embarqué dans ma proposition ludique.

Il me semble que l'exercice de la créativité a débuté par le fait de me laisser charmer par le jouet prêté, sa surface si douce, ses belles couleurs. Quelque chose en moi s'est laissé toucher et j'ai pu – en une sorte de lâcher-prise tout aussi créatif – consentir à la réalité qui était la mienne à ce moment-là : j'étais d'accord de vivre ce qui m'attendait, de faire face à ce cours que j'avais toutes sortes de bonnes raisons de redouter. J'aurais pu éviter cela en me déclarant malade, ou alors le vivre à mon corps défendant, parlant fort pour imposer mon autorité et souffrant de devoir batailler pour faire travailler mes élèves. J'en serais sortie épuisée et frustrée, déçue de moi. Mais j'avais eu, encouragée il est vrai par le prêt de ma collègue, la simplicité de me laisser toucher et la créativité d'accepter la situation. Et le reste avait tout naturellement suivi : le jeu, les nombres, les adjectifs. Les idées étaient arrivées sans que j'aie à les chercher.

≈

Un autre jour, il y a des travaux dans la cour de l'école : un petit concert de marteaux piqueurs assez pénible. Un peu énervée, mais en même temps très détendue, je m'approche de la fenêtre devant la classe médusée, l'ouvre et, en me penchant, je crie : « Plus fort, on s'entend encore ! » Ma remarque est absurde, toute la classe éclate de rire et c'est dans la détente que nous pouvons, malgré le bruit, poursuivre la leçon. Là encore, je n'avais pas eu à chercher ma réplique. Elle était venue d'elle-même, de je ne sais où. Ma créativité avait consisté à l'accueillir et à oser la dire. J'avais pris le risque de proclamer tout haut ce qui m'était soufflé tout bas.

≈

Je citerai encore un dernier exemple issu de ma pratique pédagogique. Dès le début d'une heure de cours, un élève avait levé la main.

— Oui, Gilles, tu veux dire quelque chose ?

— Oui… Vous avez un mouchoir ?

Pour un élève de treize ans, la demande est étonnante et des ricanements se font entendre. On m'observe : est-ce que je vais me sentir attaquée dans mon autorité et remettre sévèrement l'élève à l'ordre ? Est-ce qu'au contraire je vais accéder à la demande de Gilles et perdre ma crédibilité ? Mais une réponse me vient, et c'est très calmement que je lui tends un mouchoir en disant :

— Désormais, tu peux m'appeler « maman ».

Gilles rougit et je vois qu'il aurait bien envie de disparaître derrière son pupitre. Les autres élèves, surpris, rient de bon cœur. Gilles finit par rire aussi. Il s'aperçoit que je ne cherche pas à l'humilier, que mon but est simplement qu'il reprenne sa place d'élève et cesse de jouer au « bébé ».

La réponse qui m'était venue, là encore, misait sur l'humour pour montrer à l'élève que son comportement n'était pas ajusté. Elle était créative en ce qu'elle ouvrait un chemin nouveau : je n'avais agi ni en enseignante offusquée ni en me soumettant. Ma réponse avait surpris tout le monde, moi y compris, en empruntant une voie inattendue, celle de l'humour bienveillant. Les relations avaient été réajustées et le cours avait pu continuer dans une atmosphère sereine.

Une fuite du réel ?

La créativité peut nous aider à accepter la réalité lorsque celle-ci est décevante ou va à l'encontre de nos rêves et de nos désirs. On pourrait penser au contraire que la créativité propose une fuite du réel, une échappatoire, un refuge pendant les périodes difficiles. Cela peut être effectivement le cas. Mais elle offre tout autant des façons d'affronter et d'embrasser ce que la vie nous offre, ou nous refuse, de consentir à ce qui est. Et c'est cet aspect que j'aimerais explorer un peu, car le but de la spiritualité est de permettre cet accord avec le réel qui est une condition pour notre unification, ainsi que l'explique Marie-Laure Durand :

> La vie spirituelle est un chemin d'unification qui se produit à force de consentement à notre réalité personnelle. C'est un chemin de lumière, un chemin initiatique d'inclusion. S'approcher du réel, c'est s'approcher de la vérité. Voilà l'événement de conversion, car le réel est la porte d'entrée vers la dimension divine que nous portons en nous[1].

1. Marie-Laure Durand, *Visiter nos cachettes,* Les Éditions du Cerf, Paris, 2023, p. 59.

Marie a quarante-sept ans. Elle sait qu'elle ne pourra plus avoir d'enfants, et c'est un grand chagrin pour elle. Depuis toute petite, elle désirait fonder une famille, être une épouse et une mère. Elle ne pouvait pas concevoir sa vie autrement. Pour elle, être une femme, c'était avant tout se marier et devenir mère. Elle raconte sa déception à son accompagnatrice spirituelle. Marie est croyante et elle ne comprend pas pourquoi Dieu ne lui a pas accordé ce qu'elle souhaite pourtant si ardemment et depuis si longtemps. L'accompagnatrice accueille Marie avec beaucoup de douceur et d'empathie. Elle laisse la jeune femme pleurer et se garde bien de se lancer dans une explication théologique. Ce que Dieu souhaite pour Marie, elle ne le sait pas. Tout ce qu'elle croit, c'est que Dieu désire son bonheur. Le « comment » reste à découvrir et il appartient à Marie de le trouver. Pour l'instant, l'accompagnatrice propose un exercice : Marie racontera, par écrit, la vie avec l'enfant qu'elle aurait voulu avoir, depuis sa naissance jusqu'à aujourd'hui. Elle inventera et laissera libre cours à son imagination. Marie est d'accord et une prochaine rencontre est planifiée.

Les jours passent et Marie repousse constamment l'exercice. Elle sent une forte réticence, comme si, en elle, quelque chose résistait. Pourtant, elle a confiance en son accompagnatrice et sait que ses suggestions sont souvent intéressantes et porteuses de vie. Elle se questionne : est-ce qu'elle préfère rester avec son chagrin et sa déception plutôt que de se frotter à une potentielle réalité en s'adonnant à l'exercice proposé ? Craint-elle de se confronter au réel, même si ce dernier est inventé ? Finalement, quelques jours avant la rencontre d'accompagnement, elle sort son cahier et se met à écrire. À sa grande surprise, les mots se bousculent et la narration semble se faire d'elle-même. Elle raconte la joie de la grossesse, la naissance de son petit garçon, sa petite enfance, les difficultés de la parentalité, les problèmes rencontrés à l'adolescence de son fils, etc. Une fois le récit terminé, elle se sent habitée d'une paix qu'elle n'avait pas ressentie depuis longtemps.

Ce qui la frappe surtout et l'étonne, ce sont les difficultés nommées dans l'histoire qu'elle vient de raconter. Elle se rend compte pour la première fois que, même si elle avait pu réaliser son rêve d'avoir un enfant, sa vie n'aurait pas été parfaite pour autant. Elle aurait vécu, comme tout un chacun, son lot de joies et aussi de problèmes. L'enfant lui-même n'aurait pas été ce prodige dont elle avait rêvé, mais un enfant comme les autres, avec ses forces et ses limites.

C'est dans la paix que Marie se rend à sa rencontre d'accompagnement. Elle est heureuse de partager ses réflexions avec son accompagnatrice. Parler tout haut l'amène à approfondir encore ses prises de conscience. Elle se sent sur un nouveau chemin qui la conduit à une acceptation de sa vie telle qu'elle est et à une conception élargie et renouvelée de ce qu'est une vie heureuse et épanouie. L'exercice de créativité suggéré par son accompagnatrice a permis à Marie de voir sa réalité autrement. Le manque si douloureux se transforme en une facette de son parcours qu'elle peut commencer à accepter.

L'accompagnatrice aurait pu choisir un autre chemin. En demandant à Marie d'imaginer sa vie avec l'enfant tant désiré, elle l'invitait à faire face à son rêve, à l'approfondir. Il y avait un risque que Marie, en décrivant le plein auquel elle devait renoncer, sente le manque d'enfant de façon encore plus douloureuse. Mais l'accompagnatrice a misé sur la capacité de Marie à voir la réalité en face, afin de pouvoir aller de l'avant. Sa vie n'était pas parfaite, mais elle comprenait maintenant qu'elle ne l'aurait pas été non plus si elle avait pu devenir mère. Il lui appartenait désormais de découvrir comment elle pouvait vivre son désir de maternité.

La créativité nous tourne vers la vie et nous ancre dans le présent. Elle ne se laisse jamais abattre, car, de nature, elle imagine toujours du neuf. Par son lien avec la création et le Créateur, elle nous ramène invariablement à ce premier jour de la création, là où tout commence, tout est neuf, tout est possible.

Donner un coup de pouce au bonheur

LE BONHEUR... Voilà un sujet dans l'air du temps, qui fait couler beaucoup d'encre ! Le bonheur semble être le but de toute vie humaine, l'objectif recherché par tout un chacun. Le bonheur, ou consolation en termes spirituels, est aussi ce que les croyants et les croyantes recherchent et c'est l'état « normal » des chrétiens.

Dans cette recherche du bonheur, la créativité a un grand rôle à jouer, notamment pour démasquer nos idées reçues sur le sujet. Les conceptions du bonheur que nous portons, souvent à notre insu, peuvent nous tyranniser et, paradoxalement, nous faire passer à côté de notre cible. La créativité peut nous aider à trouver d'autres chemins vers le bonheur, des voies nouvelles, des sillons à la fois neufs et ancrés dans le réel.

Michèle est artiste. Toute sa vie tourne autour de son art. Très jeune, elle s'est promis qu'elle atteindrait la reconnaissance et la notoriété – et donc la possibilité de vivre de son art – avant l'âge de quarante ans. Elle travaille beaucoup dans son atelier, en plus de son activité de serveuse dans un restaurant, un emploi qui lui permet de gagner sa vie. Elle cherche par tous les moyens à se faire connaître ; elle organise des expositions et est très active sur les réseaux sociaux.

Michèle a trente-neuf ans et la reconnaissance attendue ne vient pas. Mariée avec Jean, elle lui parle sans arrêt de sa frustration et n'arrive pas à profiter du bonheur de vivre avec un homme attentionné et amoureux. Elle repousse le moment d'avoir un premier enfant, argüant qu'elle veut d'abord exister vraiment comme artiste avant de donner la vie à un autre être. Jean aimerait beaucoup être père, mais il ne veut pas brusquer son épouse. Il est décontenancé par l'acharnement de cette dernière à atteindre la reconnaissance. Il voudrait tant qu'elle soit heureuse.

Cet objectif d'être une artiste renommée et de pouvoir gagner sa vie en tant que peintre est devenu une véritable obsession pour Michèle. Cela prend presque toute la place dans son existence et l'empêche d'apprécier ce que la vie lui offre. Elle ne conçoit pas de pouvoir être heureuse sans d'abord vivre de son art. Pour elle, la vie lui doit cette réussite ; son aspiration d'abord légitime et naturelle est devenue tyrannique. Sa créativité est bien vivante, puisque Michèle est artiste, mais elle reste cantonnée dans un seul domaine. Elle ne s'en sert pas pour élargir sa conception du bonheur.

La jeune femme a dû traverser l'épreuve de la maladie pour évoluer. Un cancer, dont elle a heureusement guéri, lui a ouvert les yeux. Soudain, la réussite et la reconnaissance sont passées au second plan : il s'agissait avant tout de lutter contre son mal et de survivre. Lorsque la rémission s'est installée dans la durée, Michèle a repris goût à la vie, aux choses simples : la présence de son conjoint, le chant d'un oiseau, un coucher de soleil. Elle s'est rendu compte de la vanité et de l'étroitesse de son ambition et l'a consciemment placée très loin de ses priorités. L'important pour elle était maintenant de savourer ce que la vie lui donnait. Elle en est même venue à considérer son cancer comme une chance qui lui avait été octroyée : celle de revisiter ses valeurs et de remettre les choses à leur juste place. Elle a pris conscience que son égo avait joué un rôle prépondérant et néfaste dans sa volonté féroce de réussir professionnellement. Elle a compris, enfin, qu'il y avait en elle des aspirations plus profondes et plus authentiques que les besoins égotiques qui l'avaient habitée si longtemps.

Aujourd'hui, Michèle est heureuse. Même si sa maladie a fermé la porte à la maternité, elle a su inventer d'autres chemins pour être féconde : elle anime des cours d'art pour les tout-petits et propose des ateliers dans une maison de soins palliatifs. Elle en retire beaucoup de satisfaction, crée constamment de nouvelles propositions artistiques pour ses élèves, petits et grands. Sa créativité est mise au service de ses valeurs d'entraide et de partage. Et le bonheur est venu de lui-même, tout naturellement, prenant la couleur que sa personnalité riche et originale a su lui donner.

La troisième voie

L'HISTOIRE SUIVANTE illustre combien la créativité peut dénouer une situation délicate. En effet, cette faculté a l'art de ne pas se laisser éteindre ou décourager par les vicissitudes de la vie. Grâce à elle, les problèmes de l'existence deviennent des défis à relever plutôt que des obstacles. Aux difficultés qui se présentent, elle invente des solutions inédites.

Un homme, Roger, a perdu son épouse qu'il aimait tendrement. Quelques années plus tard, il fait la connaissance d'une autre femme, avec qui il entreprend une relation. Très épris, il songe à l'épouser, mais se trouve devant un dilemme. Que faire avec l'alliance de son épouse ? Et avec la sienne ? Faut-il revendre ces deux bijoux ? En y pensant, il a l'impression de trahir les nombreuses années de vie conjugale de son premier mariage. Mais s'il songe à donner l'alliance de son épouse à celle à qui il souhaite maintenant unir sa vie, il n'est pas satisfait non plus. Sa future femme est une autre personne, elle ne peut pas simplement se glisser dans le rôle de celle qui l'a précédée et porter son alliance. Cela ne lui convient pas et ne lui paraît pas respectueux. Que faire ?

Il décide d'aller demander l'aide d'un homme sage et spirituel qui l'a déjà judicieusement conseillé à d'autres occasions. Celui-ci écoute le dilemme de Roger et réfléchit. Après un moment de silence, il donne son avis. Pourquoi Roger n'apporterait-il pas les deux alliances chez un bijoutier en demandant à ce dernier de dessiner un bijou pour son nouvel amour ? Une bague de fiançailles conçue et fabriquée sur mesure à partir des deux anneaux ? L'artisan peut les fondre en un seul jonc de la bonne taille et y sertir une pierre précieuse que Roger choisirait en fonction des goûts et de la personnalité de sa bien-aimée. Les anciens bijoux s'effaceraient pour laisser la place à une nouvelle bague. En outre, l'homme sage propose que Roger remette cette création originale à sa nouvelle femme en lui disant : « Je t'offre mon passé ! » Symboliquement, la bague représente la première union de Roger, qu'il confie à celle qu'il aime désormais. En même temps, c'est un bijou unique, créé pour elle, qui ouvre la porte vers une nouvelle vie à imaginer ensemble.

La créativité de l'homme sage permit à Roger de retrouver la paix et d'avancer sereinement dans sa nouvelle existence. Il s'engagea pleinement avec celle qu'il aimait, tout en intégrant d'une certaine façon ce qu'il avait vécu avec sa première femme. Comme souvent, la solution ne résidait pas dans l'une des deux voies entre lesquelles Roger hésitait, mais bien dans une troisième, inédite, qui intégrait de manière créative chacune des deux options.

La carte et la rose

GILBERT A TOUJOURS EU des rapports compliqués avec son père. Avec le temps, les choses se sont un peu arrangées, mais les deux hommes restent distants. Hugo, le père, ne correspond pas du tout au papa que Gilbert aurait rêvé d'avoir : un homme doux, bon, ouvert, à l'écoute, qui ne juge pas, qui encourage, etc. Hugo est taciturne, introverti, bardé de principes moraux.

Un jour, Gilbert arrive à sa rencontre d'accompagnement une enveloppe à la main. Dès le début, il en sort le contenu et me le montre. Il s'agit d'une carte d'anniversaire, adorable quoique légèrement kitsch. Elle contient le texte suivant : « Bonne fête, papa ! » imprimé en lettres dorées. Le dessin montre un père et son fils en train de bricoler ensemble. Le père semble joyeux, patient, attentif à son enfant qui arbore un grand sourire.

— Vous voyez, me dit-il, cette carte ne dépeint pas du tout ma relation à mon père. Elle en est même très loin.

— Et pourtant, elle vous a attiré…

— C'est incroyable, non ? Tellement attiré, en fait, que je n'ai eu d'autre choix que de l'acheter. Pourtant, ce n'est pas l'anniversaire de mon père. Et même si c'était le cas, je ne sais pas si je serais capable de la lui envoyer. C'est trop… c'est…

— Prématuré ?

— Oui, c'est ça, prématuré. J'aimerais beaucoup pouvoir l'écrire et la lui poster, mais c'est trop tôt. Ce serait inadéquat, trop affectif pour lui.

— Cette carte dit votre désir que votre relation à votre père ressemble un peu plus à ce que l'on voit sur la carte.

— Oui ! J'ai un grand désir que nous soyons plus proches, plus complices.

Cette carte joue un rôle de miroir pour Gilbert. Il se sent attiré, car elle reflète son désir que la relation avec son père évolue vers une plus grande proximité, plus de tendresse. L'image de cette carte anticipe une réalité qui n'existe pas encore ; elle l'imagine, c'est le cas de le dire ! Cette illustration, choisie par Gilbert, lui donne de voir à quoi la relation avec son papa pourrait ressembler et elle attise son désir de vivre réellement un lien d'intimité avec lui.

Quelques années plus tard, Gilbert me contacte : il désire me parler, car il a une bonne nouvelle à m'annoncer.

— Vous vous souvenez de la carte d'anniversaire pour mon père ? Celle que j'avais achetée, mais que je n'arrivais pas à envoyer ?

— Bien sûr !

— Eh bien, ça y est ! Le mois dernier, je la lui ai envoyée pour son anniversaire ! Deux ans et demi plus tard !

— Vous étiez prêt...

— Oui... euh, en fait, pas tout à fait ! Cela restait audacieux de ma part, mais j'avais envie de prendre ce risque. Mon père n'a pas réagi tout de suite, mais ma mère m'a dit qu'il avait été touché et qu'il avait posé la carte sur sa table de nuit.

— Magnifique !

— Oui, je suis très heureux... En fait, c'est comme si ce qui était représenté sur la carte s'était réalisé ! Ou commençait à se réaliser. D'une certaine manière bien sûr, car je vois que mon père ne peut pas changer du tout au tout, pas du jour au lendemain. Mais il est plus paternel qu'avant. Et l'autre jour, il m'a téléphoné pour me dire qu'il avait lu un petit article sur moi et qu'il était fier.

— C'est nouveau...

— Oui, c'est nouveau et c'est formidable. Je goûte beaucoup de bonheur à découvrir ce nouveau papa !

Ainsi, cette carte d'anniversaire, qui a mis plus de deux ans à rejoindre son destinataire, a aidé Hugo à prendre conscience de son désir et à s'acheminer doucement vers le changement de relation qu'il désirait. Il a été créatif en choisissant cette carte, en se laissant interpeller par elle et en l'envoyant à son père au moment opportun.

Pour Mathilde, une rose a joué le même rôle de révélateur que la carte d'Hugo. Mathilde avait été élevée par sa grand-mère, Véra. Une bonne personne, mais dont l'anxiété se traduisait par de la froideur et de la rigidité. Les rapports entre Véra et sa petite-fille étaient difficiles, tendus. Or, un jour, Mathilde se trouve pour une semaine dans un lieu de retraite. Elle aime marcher dans le cloître et regarder les plates-bandes de fleurs qui se trouvent en son centre. Le matin de son départ, elle décide de s'y promener une dernière fois.

Dans le rectangle bordé par le cloître, elle admire un parterre de fleurs géométrique, mais dépourvu de sévérité. Des lis jaunes et, surtout, des roses. Ce sont de petites roses, qui ressemblent à des fleurs sauvages, plus fragiles que leurs sœurs cultivées. Leur parfum est très doux : un effluve de délicatesse légèrement fruitée. Elles sont de couleur rose pâle, et ce sont elles que l'on retrouve, fraîchement coupées, dans la petite chapelle mariale désignée par le vocable peu évocateur d'« oratoire ».

Et voilà que, ce matin, elle ne se contente pas de faire le tour du parterre fleuri ; elle s'aventure sur les étroits chemins de petites pierres qui font un joli bruit de grelots lorsque quelqu'un les emprunte. Parvenue au losange des roses, elle se penche pour s'imprégner encore une fois de leur caresse parfumée, de leur couleur pleine de douceur. Et soudain, un sentiment lumineux et furtif à la fois : elle s'ennuie de sa grand-mère ! Elle en est toute surprise. Le caractère ténu de cette pensée ne lui permet toutefois pas de douter de sa réalité. Oui, elle éprouve de la nostalgie pour Vera. Non pas la grand-mère idéale qu'elle aurait voulu avoir et qu'elle a regrettée avec tant de véhémence, mais *sa* grand-mère, sa grand-maman. C'est comme si les épines de la rose qu'elle était l'avaient empêchée pendant de nombreuses années de remonter en quelque sorte jusqu'à la fleur. Elle ne pouvait voir ni sa beauté ni sa couleur, elle ne percevait rien de son parfum. Les blessures que les épines lui infligeaient lorsqu'elle s'approchait de sa grand-mère ne lui permettaient pas de sentir autre chose qu'une vive douleur qui l'invitait à fuir au plus vite pour se mettre à l'abri.

Et aujourd'hui, cette nostalgie ! Soudain, voilà que son regard voit la rose en premier ; elle ne perçoit même pas la présence des épines. Combien de fois s'est-elle plainte de la « rugosité » de Vera ? Elle piquait comme certaines roses quand on les cueille, faisant jaillir immédiatement une gouttelette de sang rouge vif, que l'on s'empresse de porter à la bouche.

Mais ce matin, ce qui l'habite, ce qui la pénètre imperceptiblement, mais de façon tout à fait réelle, c'est le désir d'être en présence de sa grand-mère : elle lui manque. Elle voudrait qu'elle soit présente, pour respirer le parfum de sa tendresse, l'odeur subtile de son amour parfois maladroit, mais qui s'exprimait dans tant de gestes concrets. Un courant d'affection se remet à circuler timidement en elle, libérant mystérieusement, dans son cœur, la capacité de laisser entrer l'amour, cet amour tellement repoussé et si ardemment désiré. Elle téléphone à sa grand-mère dès son retour et va ensuite la voir régulièrement. Peu à peu, la distance entre les deux femmes s'atténue et les liens se retissent, pour la plus grande joie de Mathilde et de Véra.

Mathilde a été créative en se laissant toucher au plus profond de son être par le parfum des roses. Elle l'a été aussi en écoutant le désir qui s'est alors manifesté, révélé par la délicate senteur. Sa créativité a consisté à emprunter ce chemin inattendu de réconciliation que cette fragrance ouvrait devant elle.

Des choix tout simples

La créativité peut s'exprimer dans des choix tout simples, comme suivre son cœur plutôt que de s'efforcer de plaire, exprimer clairement sa pensée au lieu de dire ce que l'on imagine être attendu de soi.

Il y a un certain nombre d'années, j'ai eu l'occasion de faire un séjour à Rome : trois semaines dans la Ville éternelle pour suivre un cours, dans le cadre de mon travail. Je traversais alors une période de tristesse à la suite de turbulences douloureuses dans ma vie personnelle, et cette parenthèse italienne était vraiment la bienvenue. Au départ de Québec, j'étais accompagnée d'une femme un peu plus âgée que moi, collaboratrice au Centre pour lequel je travaillais et avec laquelle je m'entendais bien. À Rome, nous passions habituellement nos quelques heures de liberté quotidiennes ensemble, déambulant avec plaisir dans les rues de la ville.

Lors d'une de ces promenades, nous sommes passées devant plusieurs magasins de souvenirs. Je m'arrêtai devant la vitrine de l'un d'eux, parce qu'un objet avait attiré mon attention. C'était une petite louve qui allaitait deux bambins assis en tailleur sous son ventre. Il s'agissait bien sûr de l'animal qui, selon la légende, a nourri de son lait Rémus et Romulus, les deux fondateurs de la ville de Rome, leur permettant de survivre.

L'objet était brun clair, fort probablement en plastique, et il me plaisait beaucoup. J'étais consciente qu'il faisait partie de ces bibelots kitsch que le bon goût réprouve. Au Québec, il aurait été qualifié de « quétaine ». Mais il me touchait dans sa naïveté et je songeai tout de suite que je pourrais l'offrir à mon père, qui aimait beaucoup la langue et la littérature latines.

À ce moment précis, ma compagne a pointé le bibelot en question en s'exclamant : « Oh ! c'est d'un goût ! Dire qu'il y a des gens qui aiment ça ! »

J'avoue avoir eu quelques secondes d'hésitation (qu'allait-elle penser de moi ?) avant de dire posément : « En fait, c'est exactement ce que j'avais l'intention d'acheter pour mon père ! Je crois que cela lui plairait. » Ma compagne ne pipa mot et la discussion s'arrêta là. J'entrai dans la boutique pour acquérir la petite louve, qui se retrouva dans mon sac, emballée d'un papier de soie et placée dans un sachet de papier à l'effigie du magasin.

J'étais toute fière de moi ! J'avais osé faire ce que je voulais, au risque de déplaire à mon amie. Je me sentais légère et joyeuse, libre. Quelques années plus tôt, j'aurais peut-être renoncé à cet achat ou je serais revenue seule dans la boutique, pour l'acheter en toute discrétion, par crainte de révéler ce qui m'attirait vraiment. J'avais eu le courage d'être simple, d'être moi, d'assumer mes goûts, de faire confiance à ce petit coup de cœur ressenti pour la louve. Et en cela, j'avais été créative. Je n'avais pas suivi mes peurs. J'avais opté pour un nouveau chemin, plus difficile et en même temps plus simple et plus joyeux : être moi-même et exprimer ce que je pensais.

L'art de la réplique

La créativité peut naturellement s'exprimer, on l'a vu, par la parole et tout particulièrement grâce à l'art de la réplique. C'est notamment devant une insulte ou un comportement désagréable que la créativité peut faire merveille.

Il y a quelques années, je me trouvais en voiture avec des membres de ma famille. C'était le jour de l'An, en fin de matinée, et j'occupais le siège du passager, à l'avant, le « siège du mort », comme disait ma mère. L'auto roulait lentement, car nous cherchions une boulangerie et nous avions tout notre temps.

Derrière notre véhicule, un conducteur fulminait. Il était apparemment pressé et ne supportait pas d'être freiné dans son élan. Dès que l'occasion se présenta, il nous dépassa par la droite avec un geste très suggestif et quelques paroles probablement peu gracieuses. Heureusement, les vitres étant fermées, nos oreilles furent épargnées. Il demeure que ce n'est guère agréable de se faire foudroyer du regard, et le comportement grossier de ce conducteur m'agressa.

Sur le moment, je restai figée, sans savoir comment réagir. Je laissai de côté l'incident et la question d'une réponse appropriée, jusqu'à ce que cette dernière s'impose d'elle-même, un peu plus tard : j'aurais pu, tout simplement, ouvrir ma fenêtre et m'écrier : « Bonne année à vous aussi ! » En effet, le jour de l'An est la journée par excellence pour l'échange de vœux, même avec des étrangers. En prononçant ces mots avec une voix forte mais sans colère, je me serais redressée intérieurement et le conducteur courroucé aurait peut-être pris conscience de l'absurdité de sa réaction en entendant ma réplique. Il s'énervait et réagissait avec grossièreté le jour où il est de rigueur de s'adresser des souhaits de bonne année, donc des paroles bienveillantes. Au lieu de me fâcher et de l'insulter à mon tour, je lui aurais indirectement rappelé cette tradition et je l'aurais invité à se placer à un autre niveau, plus civilisé.

Bien entendu, on peut se faire insulter à d'autres moments que le 1er janvier. Il suffirait alors de remplacer le souhait de bonne année par un autre : « Bonne journée à vous aussi ! Bonne soirée à vous aussi ! » etc. Même si la réplique m'était venue trop tard, elle avait chassé la colère et l'impression pénible d'avoir servi de punching-ball à un homme en colère. Même fictive, la créativité de ma réplique m'avait permis de retrouver ma bonne humeur.

Caroline aime beaucoup la musique rock. Son meilleur ami, au contraire, est un passionné de musique classique. Chaque fois qu'il en a l'occasion, il ne peut s'empêcher d'affirmer clairement la supériorité de *son* style musical sur tous les autres, particulièrement le rock.

Caroline trouve ces commentaires pénibles, un peu comme si c'était elle que son ami déconsidérait au travers de ce mépris pour la musique qu'elle apprécie. Elle ne sait pas comment réagir, elle redoute que la discussion prenne un tour déplaisant si elle s'exprime. Elle n'a pas envie de se lancer dans une discussion sur les qualités respectives de l'un ou de l'autre type de musique. Elle aimerait simplement se sentir considérée et autorisée à avoir ses propres goûts.

Un jour, une réponse s'impose à elle : la prochaine fois que son ami affirmera qu'il n'aime pas la musique rock, elle observera avec une pointe d'humour : « Tout le monde ne peut pas être parfait ! » Ce sera une façon légère et humoristique de lui exprimer qu'elle regrette qu'il ne partage pas son goût pour la musique rock, tout en lui donnant le droit d'être différent et d'avoir ses propres préférences musicales. Caroline se sent à l'aise avec cette réplique et l'utilise dès la rencontre suivante avec son ami. Surpris, il éclate de rire et la jeune femme a l'impression qu'un nouvel espace de liberté et de respect s'installe entre eux.

La remarque créative de Caroline lui a permis de s'affirmer sans agressivité et de mettre une saine limite aux observations qui la dérangeaient. Grâce à elle, la relation d'amitié a pu se poursuivre et s'approfondir, chaque personne ayant la liberté d'être soi-même et l'assurance d'être respectée dans ses différences.

La robe d'allégresse

Pour sortir de nos chemins habituels, voire d'ornières, le procédé suivant peut s'avérer d'une grande efficacité. Il s'agit de recourir à des images qui permettent d'expérimenter des comportements inédits et d'inventer de nouvelles habitudes. C'est l'expérience que Luce a faite grâce à l'image de la robe, un vêtement, un « habit », mot qui a la même étymologie que les vocables « habitude » et « s'habituer ». Il y a donc une sorte de lien de famille entre les vêtements et les habitudes. Les uns et les autres peuvent devenir des carcans ou au contraire nous procurer un sentiment de liberté. Ils peuvent nous habiller (ou nous revêtir) soit de conformisme, soit d'audace.

Luce, donc, avait envie d'aller au cinéma et peut-être même de prendre un repas au restaurant avant ou après la séance. Or, son compagnon était extrêmement casanier et n'acceptait de sortir de la maison et de ses habitudes que de manière exceptionnelle. Toutes les raisons étaient bonnes pour rester au chaud : la température était trop froide, les routes glissantes, les films à l'affiche manquaient d'intérêt, il avait un bricolage à terminer, etc. En y pensant, Luce était découragée d'avance. Sans compter qu'elle connaissait bien son Carl : il était capable de dire « oui », puis de bouder pendant toute la soirée, ce qui était très désagréable. Dans ces conditions, il valait certainement mieux rester à la maison.

Et puis lui revint en mémoire un passage d'un texte curieusement absent de la Bible réformée : le livre de Baruch. Il y était question d'une robe. Elle chercha dans sa Bible et trouva le passage : « Jérusalem, quitte ta robe de tristesse et de misère, et revêts la parure de la gloire de Dieu pour toujours [...][1]. » Elle était frappée par cette expression : « quitte ta robe de tristesse ». En effet, est-ce qu'elle ne revêtait pas, sans le vouloir, sa robe de tristesse quand elle sortait avec son conjoint ? N'avait-elle pas une part de responsabilité dans le déroulement de leurs sorties ? Il boudait souvent, certes, mais devait-elle pour autant se laisser éteindre et laisser son plaisir être gâché ? Et si elle enfilait un autre vêtement, si elle s'habillait intérieurement de cette « parure de la gloire de Dieu » dont parle le verset de Baruch ? Si elle mettait, symboliquement, sa « robe d'allégresse » plutôt que sa « robe de tristesse » ?

Sa décision était prise : elle parlerait à Carl de son envie de sortir et, ensuite, elle se préparerait

1. Le livre de Baruch 5, 1.

intérieurement et extérieurement. Et quoi qu'il arrive, elle passerait une bonne soirée, elle s'en faisait la promesse. Les commentaires rabat-joie de son mari ne l'affecteraient pas, ni son éventuel mutisme. Sa joie serait forte, elle ne la laisserait pas s'éteindre. Elle refusait de céder plus longtemps à son conjoint le pouvoir d'étouffer sa bonne humeur et de gâcher leurs sorties.

Contre toute attente, Carl se laissa assez facilement convaincre de sortir. Le couple irait d'abord au cinéma, puis irait souper dans une pizzeria. Le moment venu, Luce s'habilla et se coiffa avec soin, gardant dans son cœur l'image de la robe d'allégresse. Le film s'avéra intéressant et fournit un sujet de conversation pendant le repas. Il y eut aussi des moments de silence, mais Luce ne se sentit pas obligée d'entretenir la conversation. Elle était tout à la joie de sa sortie et constatait avec bonheur que les quelques remarques désagréables de son mari glissaient sur elle comme l'eau sur les plumes d'un canard et n'affectaient nullement sa bonne humeur. Elle se coucha ce jour-là avec l'impression pleine d'espérance d'avoir fait un grand pas de créativité et de liberté.

Un poney dans une maison de retraite

PLUSIEURS INITIATIVES CRÉATIVES impliquent des animaux. J'allais dire la « collaboration » d'animaux, mais c'est plus que cela : ils tiennent souvent le premier rôle.

Quelle ne fut pas ma surprise de lire, sur une affichette fixée au mur d'une maison de retraite où je travaillais, que la visite du poney était attendue jeudi après-midi ! Un poney dans une maison de retraite, dans le grand salon ? Après quelques années de précautions infinies censées freiner la propagation de la Covid, cette information paraissait tout à fait improbable. Mais le jeudi en question, le poney était bel et bien là, avec son poil roux, sa crinière soyeuse et ses grands yeux désarmants, au milieu du salon.

Une partie de moi, conditionnée par l'obsession de l'hygiène que nous avions vécue collectivement, avait envie de s'écrier : « Mais enfin, c'est un animal ! Ce n'est pas propre ! Il n'a pas sa place ici ! » Mais personne ne semblait partager mon inquiétude. Je me calmai dès lors et j'observai. L'animal, accompagné de sa maîtresse, allait d'un fauteuil à l'autre et se laissait caresser et câliner avec patience. Il était juste à la bonne hauteur pour que les personnes désireuses de le toucher puissent le faire sans étirer le bras vers le haut.

Je remarquai l'effet que produisait le poney. À sa vue, les visages se déridaient au sens propre du mot : ils rajeunissaient. On aurait dit que les soucis habituels, les souffrances physiques, les blessures de l'âme et le poids des ans s'étaient évanouis comme par miracle. Les paroles pleines de sagesse du pasteur ou les encouragements compatissants de l'aumônière n'auraient jamais pu avoir un résultat aussi rapide. Les personnes souriaient, heureuses de caresser l'animal et de lui murmurer des mots doux avec cette intonation particulière et pleine de tendresse que l'on emploie avec les tout-petits : « Mais que tu es beau ! Que tu es gentil ! Tu es beau, beau, beau, beau, beau ! »

Le temps s'étirait, le présent redevenait intéressant, les yeux brillaient. Et pourtant, le poney ne disait rien, du moins pas avec des mots. Mais ses yeux pleins de douceur, son poil doux et chaud, son corps dodu et charpenté, sa simple présence semblaient parler : oui, la vie avait du prix et valait la peine d'être vécue. Le message passait cinq sur cinq et nous laissait, nous autres de l'aumônerie, à la fois émerveillés et très légèrement jaloux !

Une émission de radio a elle aussi éveillé mon intérêt pour la présence d'animaux dans un cadre thérapeutique ou d'accompagnement. Un journaliste parlait d'un visiteur de prison qui se faisait accompagner par son chien. Il témoignait des effets de la présence de son animal sur les détenus. Eux aussi, comme mes amis de la maison de retraite, se détendaient, semblaient sortir de leur apathie ou de leur apparente dureté pour s'intéresser au chien et interagir avec lui. L'un de ces hommes, qui n'avait pas prononcé un seul mot depuis le début de sa détention, quelques années auparavant, s'était même remis à parler !

Ce détail incroyable m'a frappée. Un chien, pourtant privé d'expression verbale, avait su faire renaître la parole chez un détenu. Retrouver la parole, le goût de la parole, c'était énorme. C'était revenir dans un monde de liens et de communication, sortir de son enfermement. C'était, d'une certaine façon, revenir à la vie.

Comment les animaux parviennent-ils à calmer toute méfiance, à instaurer un climat d'amitié ? Leur seule présence chasse la défiance et donne envie de s'ouvrir et de se relier. Comme s'ils possédaient le secret qui permet à certaines chaînes intérieures de se briser et aux enfermements de se fissurer.

Je salue la créativité de ces visiteurs et de ces aumôniers, de ces thérapeutes animaliers qui ont eu l'idée fantastique de faire participer les animaux à leur mission. Ils ont eu la générosité et l'initiative magnifique de partager avec d'autres les talents de leurs compagnons équins et canins, créant ainsi de nouveaux moyens pour réveiller et favoriser la vie.

En sortant du tram

LES SITUATIONS LES PLUS BANALES de la vie peuvent enfin être le terreau d'attitudes et d'initiatives créatives. J'en ai récemment été le témoin.

Heureuse d'avoir trouvé une place dans le tram qui me ramène chez moi, je laisse mon regard se promener librement d'une personne à l'autre. Mon attention est attirée par un couple âgé. Ils sont assis tout près d'une des portes du véhicule. Le monsieur semble stressé, car l'arrêt où ils doivent descendre se rapproche. Il se lève bien à l'avance et enjoint à son épouse de faire de même. Mais comme cette dernière a des cannes et sans doute du mal à marcher, elle attend visiblement que le tram se soit immobilisé avant de se lever. L'homme est maintenant debout et il s'impatiente : « Allons, viens ! Qu'est-ce que tu attends ? »

Madame ne bouge pas et garde le silence. Elle sait probablement qu'il ne sert à rien d'argumenter avec son mari quand il est nerveux. « Mais quelle tête de mule, ce n'est pas possible ! » lâche-t-il en se rapprochant encore des portes. Les cahots manquent de lui faire perdre l'équilibre, mais il réussit à éviter la chute en s'agrippant à l'une des barres de sécurité. Il est rouge de colère et marmonne dans sa barbe quelque chose que je ne comprends pas, mais dont je peux deviner la teneur.

Le tram ralentit et s'arrête. Madame est toujours assise, mais je remarque qu'elle est prête à se mettre en mouvement. Son mari a appuyé sur le bouton d'ouverture des portes et il soupire en s'écriant : « Mais Janine, qu'est-ce que tu fais ? Viens ! On est arrivés ! » Janine se met debout et, lentement, elle parcourt la toute petite distance qui la sépare de la sortie. Elle n'a toujours rien dit et semble concentrée sur sa marche, imperturbable. Depuis le trottoir où il se trouve à présent, l'homme fulmine : « Mais dépêche-toi, enfin ! Ce n'est pas possible d'être aussi lente ! »

C'est alors que l'épouse, en posant son deuxième pied sur le trottoir, tourne la tête vers moi. A-t-elle vu que je les observais ? Elle me regarde avec une belle expression et un demi-sourire. J'ai l'impression qu'elle dit : « Ma foi, il est comme ça ! On ne le changera pas ! Je l'aime pareil ! Mais il n'est pas question que je coure et prenne des risques pour lui faire plaisir. Vous me comprenez, n'est-ce pas ? » Je souris à mon tour et lui réponds silencieusement : « Oui, je vous comprends et je vous admire ! » Nos regards se quittent, l'échange muet n'aura duré qu'un bref instant. C'est fou ce que l'on peut se dire en quelques secondes de contact visuel !

J'ai été émue par cette scène dont j'étais soudain devenue partie prenante. J'ai été impressionnée par l'attitude de cette femme, par la créativité de sa réaction. Devant le comportement de son mari, plusieurs chemins étaient possibles : elle aurait pu se sentir heurtée et répliquer avec agressivité, entraînant probablement une vraie dispute. Elle aurait pu aussi se sentir mortifiée et s'enfermer dans une colère sourde, une bouderie. Ou encore se sentir peinée et se mettre à pleurer. Mais c'est un autre chemin qu'elle a choisi, un chemin de liberté. Comme si, d'instinct – ou était-ce plutôt le fruit de sa longue expérience ? –, elle avait gardé la juste distance par rapport à l'énervement de son mari et à ses propres réactions épidermiques. Elle était restée parfaitement calme, dans le respect de son rythme. Elle ne s'était pas fâchée et elle n'avait pas coupé la relation. Elle avait en même temps su trouver un peu de complicité et de solidarité féminine tout près d'elle, avec moi.

Cette femme avait adopté une attitude qui créait non pas le conflit ou l'enfermement, mais la vie, qui continuait à circuler entre elle et son mari et qui, maintenant, avait débordé jusqu'à moi. Elle avait agi avec créativité et sagesse, et cette rencontre m'a laissé un sentiment de légèreté et d'espoir.

L'art, chemin spirituel

Le pouvoir des images

Les images ont un pouvoir étonnant. Elles parlent à l'âme de façon plus directe que les mots, plus immédiate. On dirait qu'elles s'adressent à nous à des niveaux insoupçonnés. Elles interpellent des parties de notre être dont nous ignorions parfois jusqu'à l'existence. Les images parlent à notre cœur, à notre âme, alors même que notre intelligence ne peut pas encore accueillir ces paroles silencieuses.

Parfois, ce pouvoir est bien regrettable : quand, par exemple, les images d'un événement traumatisant se sont imprimées en nous et ne semblent plus vouloir nous quitter. Ces images-là sont envahissantes et mettent parfois plusieurs années pour s'estomper et disparaître. Mais c'est bien sûr du pouvoir positif des images que je souhaite parler ici.

Je me souviens de l'une d'elles, la reproduction d'une icône qui m'avait particulièrement frappée. Je faisais une retraite dans un petit village français et le prédicateur avait affiché cette image dans la salle où avaient lieu les enseignements. On y voyait le Christ, vêtu de blanc, qui tenait dans sa main droite le poignet d'Adam, et dans la gauche celui d'Ève. Il les réveillait, les tirait hors de la mort, les entraînait avec lui dans sa résurrection. Adam et Ève avaient encore les pieds dans leurs tombeaux ouverts et le Christ piétinait les montants de sa croix. Cette image m'avait fascinée sans que je comprenne pourquoi. Je ne pouvais en détacher les yeux. Il me semblait qu'elle me parlait, mais dans une langue que je ne connaissais pas. J'avais même bravé l'aspect revêche de la personne qui était à l'accueil pour lui demander si elle avait cette icône parmi les cartes qu'elle vendait. Elle avait mis quelques jours à mettre la main dessus, mais elle l'avait finalement trouvée, à ma plus grande joie.

Je la gardai longtemps avec moi et la contemplai souvent, sans saisir encore pourquoi elle me plaisait tant. Ce n'est que bien des années plus tard que je commençai à saisir le message de cette image : moi aussi, j'étais un peu dans un tombeau, moi aussi j'avais besoin de ressusciter dans certains aspects de ma personne. Cette image me le murmurait depuis des années, mais il fallut toute la démarche humaine et spirituelle que j'entrepris en me formant à l'accompagnement spirituel pour que « j'entende » enfin ce que cette image avait à me dire, pour que je déchiffre son langage et que cela fasse sens.

Plus récemment, une autre image m'a frappée. C'était un grand dessin, affiché dans la vitrine d'un magasin, dans une ville que je visitais avec des membres de ma famille pendant les vacances. Le dessin représentait une grande table autour de laquelle une famille nombreuse était assise : de jeunes parents avec leurs bébés, des personnes âgées, des grands-parents et arrière-grands-parents, des oncles et des tantes. Les couleurs étaient gaies, variées, les visages souriants. Sans être niaise, l'image montrait avec des traits un peu naïfs des gens heureux d'être ensemble et pleins de vie. Cette fois-ci, l'image m'a parlé tout de suite, et tout à fait clairement. Elle me redisait l'attachement profond que j'ai pour mes amis, ma famille, l'amour des relations, la joie et le bonheur d'être ensemble.

Au moment de partir pour le Canada, j'avais quelques photos que je chérissais tout particulièrement et que j'apportai. Outre celle de l'icône de la résurrection, il y avait la photo noir et blanc d'une vieille femme indienne, absolument magnifique. Sa tête était entourée d'une partie de son sari qui formait comme un voile. La lumière jouait avec ce tissu léger et projetait quelques ombres sur le visage de la femme. Elle fixait le photographe avec un regard rempli d'une profonde bonté. Ses traits et toute son expression étaient empreints d'une joie profonde tout en laissant voir les marques de souffrances nombreuses. La peau toute ridée n'enlevait rien à sa beauté. J'aimais tant cette photographie que je l'avais fixée au mur de mon bureau, bien des années plus tard, afin de pouvoir la regarder ou de me laisser regarder lorsque j'accueillais des personnes en accompagnement spirituel. Comme si cette femme me rappelait que le lieu de notre souffrance est aussi celui du jaillissement de la vie, un lieu de fécondité, pour autant qu'elle ait été visitée et surtout accueillie. « N'aie pas peur, me murmurait-elle, derrière toute souffrance, il y a la vie qui ne demande qu'à se déployer. »

Je me souviens encore d'une autre photo, noir et blanc elle aussi ; elle montrait un studio de danse vide, ou plutôt rempli d'espace, avec une très grande fenêtre ouverte. C'était une salle de ballet, avec son plancher de bois et sa barre ronde fixée au mur. J'aimais cet espace, cette ouverture, j'aimais qu'il n'y ait rien ni personne dans ce lieu. Je respirais mieux quand je regardais cette image. Peut-être qu'elle m'invitait à diriger mon regard vers tous les possibles plutôt que de me concentrer sur ce qui n'allait pas. Elle sollicitait mon attention, mon être, ma respiration. Elle aussi me faisait du bien en m'invitant à vivre et à être créative.

Le dessin, un outil spirituel

DEPUIS TOUJOURS, je dessine, j'adore dessiner. Je suis visuelle, et ce que j'entends se transforme aussitôt dans ma tête en images que j'aime reproduire sur le papier. Le dessin a été un loisir, un plaisir, mais ce n'est que tardivement que j'ai compris qu'il pouvait être un outil et une aide dans le développement humain et spirituel. Le dessin permet de prendre la vraie mesure des émotions et des sentiments qui nous habitent par rapport à notre vécu. Il donne la possibilité de s'exprimer autrement que par des mots, en laissant parler le cœur et les tripes davantage que le mental. En même temps, il aide à voir le réel avec une certaine distance, afin de pouvoir l'accepter petit à petit.

C'est d'abord grâce à ma formation en accompagnement spirituel que j'ai expérimenté le dessin, dans une optique de croissance. À la fin de chaque étape, nous étions invitées (il n'y avait que des femmes dans mon groupe) à relire nos notes et à dessiner le fruit principal que nous avions recueilli. J'ai aimé me prêter à cet exercice et découvrir la richesse qu'un dessin peut receler. J'avais par exemple représenté le Christ qui va son chemin, alors qu'on essaie de le précipiter du haut d'un escarpement. Il avance, sans s'occuper des autres, déterminé, libre. Ce dessin m'avait aidée à grandir dans ma propre liberté.

Je découvris aussi l'importance de l'attitude de nos animateurs et animatrices : leur accueil inconditionnel, leurs reflets ajustés, leurs remarques pleines de finesse, les silences parfois. Je me souviens du croquis que j'avais fait de la femme courbée et guérie par Jésus. Je l'avais montrée dans son redressement, souriante, avec de très longs cheveux qui se terminaient par quelques boucles. Avec délicatesse, l'animateur avait relevé la présence de ces boucles, et j'avais alors pris conscience que ce détail exprimait pour moi toute l'importance de la féminité et de la délicatesse.

Parallèlement à ma formation en accompagnement, j'effectuais des stages d'écoute dans le cadre d'un autre cursus[1]. J'avais reçu, pour des durées variables, deux ou trois personnes différentes. J'avais suivi l'une d'elles pendant deux ans. Elle s'appelait Irène[2] et venait me rencontrer une fois par semaine. Un grave accident l'avait laissée très handicapée physiquement, mais, à son grand dam, rien ne paraissait extérieurement. Elle avait entre autres perdu de l'agilité et de la dextérité,

1. Il s'agissait d'une maîtrise, ou master, en counseling spirituel.
2. Les prénoms sont fictifs.

mais sans que les autres puissent le remarquer. Certaines parties de son corps étaient douloureuses, alors que d'autres étaient paralysées et ne ressentaient plus rien. Elle se sentait diminuée, alors que rien ne se voyait.

Perplexe, je lui avais demandé de dessiner ce qu'elle ressentait. Elle s'est immédiatement exécutée et j'ai été très impressionnée de découvrir son dessin. Je le vois encore : un fauteuil roulant de profil, dont la roue est tellement énorme que le corps juché sur le fauteuil paraît tout petit, fragile, en équilibre précaire. Cette petite silhouette, c'était elle, perdue tout en haut de cet engin. Elle ne pesait pas lourd en comparaison de cet immense fauteuil roulant ! Je mesurai alors son désarroi et le sentiment d'impuissance qu'elle vivait par rapport à son handicap. Elle se sentait dépassée. Je réalisai enfin ce que ses mots peinaient à exprimer : le handicap prenait presque toute la place dans sa vie et dans la perception qu'elle avait d'elle-même.

Cependant, loin de la déprimer, le dessin réjouit Irène, comme si le fait de « voir » son handicap sur une feuille le rendait plus réel. Elle pouvait désormais en parler sans crainte, l'affirmer avec assurance : elle était handicapée à plusieurs points de vue, et le fait que l'on ne puisse pas constater cela *de visu* ne changeait rien à l'affaire. Je crois que le dessin l'a aidée à prendre la mesure de son handicap et, petit à petit, à l'accepter et à le faire reconnaître par les autres. Le dessin a aussi permis à Irène de sortir de ses analyses, de son mental, pour laisser parler son ressenti. En outre, il m'a amenée, moi, à prendre au sérieux ce que cette personne exprimait et à mieux comprendre ce qu'elle vivait.

Je me souviens également de l'accompagnement de Marie-Claire, qui suivait un parcours spirituel. Lors d'une des étapes, les personnes étaient invitées à découvrir et à nommer le bien auquel elles étaient démesurément attachées, la qualité ou la valeur qu'elles utilisaient, souvent inconsciemment, pour servir leurs propres besoins. Il fallait aussi dessiner cet attachement pour pouvoir en parler en accompagnement.

Au début de sa rencontre, Marie-Claire sortit tout de suite son dessin. Il était magnifique, très expressif, personnel, coloré. Et surtout, il était très parlant : Marie-Claire avait peint un ange, en robe multicolore, qui volait au secours de quelqu'un. Entraîné par son empressement, il était fortement penché vers la droite, comme déséquilibré par son zèle, les bras tendus vers le bord de la feuille. Cet ange représentait la grande générosité de Marie-Claire, sa propension à se précipiter pour servir, allant au-devant de demandes que l'autre n'avait souvent même pas exprimées, au détriment de ses propres besoins. J'étais en admiration devant la lucidité de Marie-Claire et la beauté de son dessin. Il illustrait parfaitement la complexité de l'exercice : découvrir, derrière la bonté et la beauté, ce qui était encore arrimé aux diktats de l'égo.

Le dessin a aussi été un outil précieux pour l'accompagnement de Suzanne. Un jour où elle avait relaté une expérience de son passé, elle me dit ceci :

— Cela m'a blessée au cœur.

— Blessée comment ?

Je suis en effet persuadée que, souvent, il est important de faire préciser.

— Eh bien… C'est comme si j'avais reçu des coups de couteau au cœur. Plusieurs, certains plus profonds que d'autres. Il y a des plaies qui saignent encore, d'autres qui sont en voie de guérison.

— Voudrais-tu dessiner ton cœur pour la prochaine fois ?

Suzanne a apporté son dessin à la rencontre suivante et nous avons commencé par le déposer sur une chaise entre nous et à le regarder en silence. Le cœur prenait presque tout l'espace de la feuille. Plusieurs blessures y figuraient. Certaines saignaient, d'autres étaient rouge bleuté, quelques-unes avaient déjà cicatrisé. Suzanne était capable de me dire à quelle blessure de son histoire chaque plaie correspondait. Je lui ai ensuite demandé de quoi son cœur avait besoin.

C'est là tout l'intérêt d'avoir une image sous les yeux ; il est beaucoup plus facile de la faire parler sans trop réfléchir. Une partie de soi est extériorisée et a désormais sa vie propre, si l'on peut dire. Il est alors plus aisé d'entrer en dialogue avec elle. Pour Suzanne, le message était clair ; son cœur réclamait plus d'attention et de douceur, il voulait qu'elle passe plus de temps à s'occuper d'elle-même.

Par le dessin, le vécu des personnes peut être extériorisé, mis à distance et précisé, peu importe que celui-ci soit joli ou pas, bien exécuté ou juste esquissé. Les dessins aident aussi les personnes qui accompagnent à entrer dans le monde de celui ou de celle qu'elles écoutent et à mieux le saisir de l'intérieur.

De dessins en révélations

ON VIENT DE VOIR que le dessin peut être un allié très riche dans l'accompagnement, tant sur le plan humain que spirituel. C'est aussi un outil créatif dans le sens où il peut nous surprendre et nous faire envisager les choses sous un nouvel angle. Il permet de contempler de l'extérieur ce qui nous habite intérieurement, souvent à notre insu. Le dessin facilite les prises de conscience, car il permet une projection de soi dans les images dessinées. Ces images peuvent nous révéler non seulement notre vécu intérieur, mais également nos ressources. Dessiner aide à verbaliser les désirs profonds qui nous habitent et nous gardent branchés sur la vie. Cet exercice contribue à faire la lumière en soi, à découvrir sa vérité, et la vérité est toujours libératrice. Le dessin nous fait sortir des sillons bien tracés et nous invite à emprunter de nouveaux chemins.

Anna me raconte comment elle a vécu l'adieu à son ancien accompagnateur. Celui-ci, ayant atteint un âge certain, l'avait prévenue des mois à l'avance qu'il cesserait toute activité à partir d'une date donnée. Anna le comprenait, mais plus l'échéance approchait, plus elle la redoutait. C'est son corps qui l'a d'abord alertée ; Anna était prise de maux de ventre et vomissait. Elle s'est alors demandé ce qui se jouait en elle et elle a dessiné. Elle sort la feuille, la place entre nous et la commente. Sur la partie gauche, elle s'est représentée dans un berceau, toute petite fille. Tout à côté se tient l'accompagnateur, présence aimante et sécurisante. À droite, le même berceau ; mais à côté se trouve désormais une jeune femme. L'accompagnateur, quant à lui, est en train de s'en aller, il s'apprête à sortir de scène.

Anna comprend que son accompagnateur a joué un grand rôle dans sa vie, il a presque été une mère pour elle. Mais maintenant qu'il doit partir, elle réalise qu'elle a grandi et est prête à prendre la relève et à être la bonne mère dont sa petite fille intérieure a encore besoin. Les maux de ventre ont disparu et la transition se passe bien.

Je rencontre Carl dans le cadre d'une petite retraite. Rapidement, il me montre une peinture qu'il a réalisée récemment et qu'il souhaite mieux comprendre. Je suis très impressionnée : on y voit le jeune homme, la bouche ouverte, les yeux écarquillés, les bras ouverts. Son torse nu est couvert de plaies sanguinolentes. Tout autour, des couteaux et les visages de ceux et celles qui l'ont blessé dans sa jeune histoire. On dirait un Christ en croix. Carl s'étonne, car cela fait des années qu'il est conscient des aspects douloureux de sa vie et s'emploie à guérir. Je risque une hypothèse : peut-être que Carl, justement à cause de ce travail sur lui, est maintenant assez solide pour mesurer l'ampleur des dégâts ? Il réfléchit et acquiesce. L'idée que ce dessin terrible puisse aussi témoigner d'une certaine force le rassure et l'aide à puiser dans le désir de guérison qui l'habite pour avancer sur son chemin.

Tamara vient de passer des examens pour connaître la nature d'une tumeur. Elle saura bientôt s'il s'agit d'un cancer ou non. Elle a vécu des heures terribles et elle a eu l'idée de représenter ce qu'elle vivait. Son dessin montre une passerelle, comme on en voit parfois dans les hautes montagnes. Une passerelle solidement attachée, mais assez rudimentaire et étroite. On y voit, de dos, sa silhouette à elle, qui avance. À sa gauche, Jésus marche à ses côtés. Tamara prend un temps de silence avant de m'expliquer :

— J'avance, malgré le danger, malgré l'incertitude.

— Tu ne sais pas où cette passerelle te mène…

— Non, je ne sais pas où je vais, ce qu'il va se passer. Mais je ne suis pas toute seule, Jésus est là.

— Il marche avec toi…

— Oui. Tu sais, lui non plus ne sait pas ! Mais il est là. Il vit ce moment difficile avec moi.

— Je vois qu'il n'est pas devant toi, risquai-je.

— C'est vrai, il est avec moi, ni devant ni derrière, *avec*.

Tamara se met à pleurer doucement. Un silence se fait, précieux, plein. Puis Tamara reprend :

— On dirait qu'il n'en sait pas plus que moi, mais que... qu'il me fait confiance. Il a confiance que, quoi qu'il arrive, j'aurai la force de traverser ce qui m'attend. C'est sa confiance qui me touche.

— C'est lui qui te fait confiance...

— Oui, et moi, j'ai envie de me faire confiance aussi ! Je veux y croire, croire que j'ai cette force en moi.

Janine, quant à elle, apporte le dessin de sa famille. Elle raconte que son père était un homme chaleureux, qu'elle aimait beaucoup. Or, sur le dessin, le père avance un bras musclé et quelque peu menaçant. On le dirait plus disposé à donner une taloche à sa fille qu'à la prendre dans ses bras. Janine, petit à petit, prend conscience de cette ambivalence. Elle accède alors à tout un pan de son histoire qu'elle avait repoussé dans l'ombre : la violence, rare mais très réelle, de son père. Ce dessin fut l'occasion pour elle de revisiter cet élément de son histoire et de l'intégrer petit à petit. Curieusement, ce fut la joie qui prédomina : celle d'avoir pu regarder la réalité en face. C'était comme si quelque chose de très profond se replaçait en elle.

J'aurais tant d'exemples à donner ! En voici un dernier. Ursula vient me rencontrer dans le cadre d'une petite retraite de quelques jours. Je la verrai quatre fois en tout. Lors de la première rencontre, elle dessine pour se présenter et me dire qui elle est. Il y a quatre arbres sur son dessin. Celui de gauche la représente, celui du milieu symbolise son mari, et les deux petits de droite ses enfants. La retraite se passe bien. Lors de la quatrième et dernière rencontre, je demande à Ursula de ressortir son premier dessin. Nous le regardons en silence et voilà qu'un détail me frappe :

— Il y a une petite balançoire suspendue aux branches de votre arbre ! Je ne l'avais pas vue…

— Oui, c'est vrai, je…

Les larmes empêchent Ursula de continuer et le silence se fait. Après quelques minutes, je me risque à poser une question, tout doucement :

— Cette petite balançoire, comment elle vous touche ?

Ursula, avec beaucoup d'émotions, me raconte alors que son enfance a été difficile, d'une tristesse infinie avec une maman toujours malade et déprimée. Elle devait faire tout ce que sa mère ne pouvait assumer et n'avait pas le temps de se distraire et de vivre sa vie d'enfant. Cette balançoire représente son désir de jouer, d'être insouciante et joyeuse. Nous n'avons plus le temps de développer longuement cette idée, mais

Ursula repart avec le désir bien vivant de répondre à ce désir pressant.

D'aucuns pourraient objecter que les fruits produits par l'utilisation du dessin sont d'ordre purement psychologique. Ce serait bien réducteur. Pour moi, la dimension psychologique est incluse dans la dimension spirituelle qui est bien présente dans les exemples ci-dessus : elle s'exprime par un accroissement de vie, de confiance, d'intégration, une capacité plus grande d'appréhender le réel et d'accueillir la vérité de son histoire. Elle se révèle également dans les ressources intérieures que le dessin permet de découvrir en soi.

Soigner en musique

La musique peut aussi être un moyen très créatif de se relier aux autres et de leur offrir réconfort et soulagement. Les deux femmes dont je vais parler ont su sortir la musique de ses lieux habituels, salles de concert et autres conservatoires, pour l'apporter à des personnes souffrantes.

Lors de la pandémie de Covid, pendant la période tragique où les personnes âgées mouraient en grand nombre, parfois sans que les proches soient autorisés à venir les voir une dernière fois, un article de journal avait attiré mon attention. Il racontait l'expérience d'une musicienne qui était engagée bénévolement dans un salon funéraire. Quelques fois par semaine, elle s'asseyait au piano du hall d'entrée de l'établissement et jouait pour les morts et les vivants. Elle interprétait toutes sortes de morceaux du répertoire classique, mais privilégiait certaines œuvres de Chopin. Un morceau de ce compositeur avait, selon elle, un effet de consolation très profonde sur les personnes affligées. Comme si cette musique leur murmurait que « quelqu'un pleurait avec » elles, partageait leur tristesse et leur peine. Ces mots m'avaient beaucoup émue. Ils rejoignaient ce que je vivais comme aumônière. J'avais aussi l'intuition que le fait d'être là et de communier aux sentiments vécus par la personne avec laquelle je me trouvais était bien plus important que les paroles que je pouvais lui adresser.

La musique a sans doute cet avantage : elle parle son propre langage et touche directement le cœur de ceux et celles qui l'entendent.

La deuxième personne que je trouve inspirante est une violoncelliste qui joue, entre autres, dans les hôpitaux, les maisons de soins palliatifs et les maisons de retraite. Il s'agit de la musicienne et musicothérapeute Claire Oppert. Elle a une démarche plus individuelle : elle joue pour les personnes qui souhaitent l'entendre, dans leurs chambres. Peu à peu, elle a réalisé que sa musique apportait non seulement un bienfait psychique, moins de stress, d'angoisse et d'agitation, plus de calme et de paix, mais aussi un soulagement dans le corps, une réduction des douleurs physiques. Selon les recherches qu'elle a menées par la suite avec une équipe pendant cinq ans, la musique permet une diminution des douleurs de dix à cinquante pour cent. Quant à l'angoisse, elle la réduit jusqu'à quatre-vingts pour cent.

La musicienne a nommé cet usage thérapeutique de la musique, le « pansement Schubert ». Elle l'a développé après une situation particulière dans une maison de soins palliatifs. Les infirmières n'arrivaient pas à faire le pansement sur le bras d'une femme souffrant de démence et en proie à la plus vive agitation. Claire Oppert s'est mise à jouer un morceau de Schubert, et la personne, au bout de quelques minutes, a arrêté de crier et s'est complètement détendue. Les soins ont alors pu être prodigués sans peine et une infirmière a lancé à la violoncelliste : « Il faudra revenir pour le pansement Schubert ! » Le nom de cette nouvelle méthode était trouvé[1].

D'après l'artiste, la musique s'adresse à la partie de la personne qui est encore pleinement en vie. Un monsieur atteint de la maladie de Charcot confie, après avoir écouté le chant du violoncelle de Claire : « Je ne suis plus malade, je me suis soulevé au-dessus de ma maladie. » Une femme déclare en substance : « Vous venez de me redonner mes ailes pour voler, mes jambes pour marcher. C'est tellement bon que c'est à la limite de l'irréel… Je suis en vibrations. » Claire Oppert dit d'elle-même qu'elle « soigne en musique ». Elle apporte un apaisement musical et se définit comme une « violoncelliste soignante[2] ». Sa musique, vivante, vient faire vibrer la partie vivante, saine et intacte de la personne malade. Selon son

1. C'est aussi le titre de son livre : Claire OPPERT, *Le pansement Schubert*, Éditions Denoël, Paris, 2020.

2. Interview de Claire Oppert, France Inter, vendredi 8 décembre 2023, dans l'émission *Une semaine en France*. Les témoignages cités proviennent de cette interview.

expérience, la capacité d'émerveillement des malades en fin de vie est présente jusqu'au bout. La musique replonge les patients dans leur passé et leurs racines, des souvenirs de l'enfance remontent, des sentiments agréables émergent, qui rendent le présent plus supportable. En même temps, le pansement Schubert, elle l'admet, fait jaillir beaucoup de larmes, mais ce sont des larmes que les personnes qualifient de « consolantes » et « apaisantes[1] ».

Le chant du violoncelle de Claire Oppert est créatif au sens premier de créer de la vie, ou plus précisément d'intensifier la vie chez ceux et celles qui l'écoutent. Il semble même redonner à la personne des capacités qu'elle n'a plus, comme bouger ou danser. Cette musique se fait l'alliée des personnes souffrantes, les aide à vivre plus intensément et à se sentir en vie jusqu'au bout et en dépit de tout.

Cette artiste est également créative dans la mesure où elle n'arrive pas avec un répertoire prédéfini. Elle choisit ce qu'elle interprète en fonction des goûts et des désirs des personnes : ce peut être un morceau classique, mais également une chanson d'Aznavour, ou encore du jazz, du rock ou des cantiques. Lorsque la personne malade ne peut plus s'exprimer, Claire demande au personnel soignant ou aux familles ce qu'il conviendrait de jouer.

---

1. Conférence donnée au CNRD (Centre national de ressources de lutte contre la douleur, à Paris) par Claire Oppert en 2021 à Paris.

Finalement, la musicienne fait aussi preuve de créativité en ajustant le tempo de sa musique au souffle des personnes. Même avec des personnes inconscientes, elle a remarqué que, pendant qu'elle joue, leur respiration devient plus ample, ce qui montre, selon elle, qu'elles sont encore présentes au monde.

Le pansement Schubert a un effet incroyable non seulement sur nombre de patients, mais également sur le personnel soignant et les familles. Les relations s'améliorent et les soins sont donnés avec plus d'attention. La musique de Claire Oppert permet de trouver des façons créatives et humanisantes de vivre des moments critiques de l'existence humaine, tant pour les personnes souffrantes que pour ceux et celles qui les accompagnent.

Ben Hur

LE FILM *BEN HUR,* réalisé par William Wyler en 1959, tourné il y a donc plus de soixante ans, demeure pour moi un modèle de créativité et d'intelligence théologique. Il donne à voir sans montrer, suggère sans dévoiler ou prétendre savoir. Il montre de façon lumineuse combien une manière créative et subtile de filmer peut inviter les personnes spectatrices à un cheminement spirituel.

Le film, on s'en souvient, raconte l'histoire de deux jeunes hommes, l'un juif et l'autre romain, qui vivent à Jérusalem au début du Ier siècle et sont amis depuis l'enfance. En arrière-plan, comme en filigrane, la figure de Jésus croise à quelques reprises celles de nos protagonistes. Son visage n'apparaît jamais. On entend des gens parler de lui. On voit sa silhouette et certaines parties de son corps : ses mains, l'arrière de sa tête. Même quand on le sait proche, la caméra évite de montrer son visage. Tout porte à croire qu'il s'agit d'un personnage secondaire, dont nous suivons la trajectoire à distance, parcours presque anecdotique, alors que Jésus est bien, de façon indirecte, le personnage central, le vrai sujet du film.

Une scène est restée gravée dans ma mémoire, petit bijou de créativité mise au service d'une théologie fine et profonde[1]. Judah, le héros juif, fait partie d'un groupe de prisonniers emmenés par des soldats romains. Il est épuisé et assoiffé. Lors d'une courte pause, il parvient à saisir une calebasse remplie d'eau et commence à boire, avant qu'un centurion ne la lui arrache des mains. Judah s'effondre, à bout de forces. Une silhouette s'approche, que l'on devine être celle de Jésus. La caméra ne montre que ses mains, qui tendent à Judah un autre récipient d'eau et l'aident à boire avec des gestes infiniment doux.

C'est alors que le film révèle sa subtilité ; un gros plan se fait sur Judah, absorbé par cette eau dont il peut enfin se désaltérer. Au bout de quelques instants, il lève les yeux et les fixe sur celui qui lui a donné à boire. Et c'est comme si on pouvait voir Jésus par les yeux de Judah, grâce à l'expression de son visage lorsqu'il le regarde. Une expression d'étonnement, de soulagement, de joie, comme s'il était arrivé à bon port, et qu'il pouvait enfin se reposer et déposer les armes. Le visage de Jésus reste hors écran. C'est à chaque spectateur, à chaque spectatrice de se l'imaginer d'après les effets qu'il produit sur le jeune homme.

1. On peut facilement retrouver cette scène sur Internet. Elle est intitulée « Judah meets Jesus ».

Mais le centurion a vu ce qu'il se passait et il s'approche avec un air menaçant, criant que Judah n'avait pas le droit de boire. Nous le voyons de face et percevons le changement de son expression alors que Jésus, dos à la caméra, se met debout et regarde le soldat. Le centurion se tait, hésite, devient confus et renonce à intervenir. Que voit-il dans l'expression et les yeux de Jésus, qui demeure silencieux ? On ne peut que le deviner, risquer une interprétation, et je trouve ce procédé extrêmement puissant et intelligent. Le film n'explique pas, ne montre pas, il ne fait que suggérer, et c'est au public de réfléchir et d'interpréter ce qui, justement, n'est pas donné à voir.

Un autre film de 1953 a déjà eu recours à ce procédé. Il s'agit de *La tunique* (*The Robe*), réalisé par Henry Koster, mais j'ignore si William Wyler s'en est inspiré. Ce film légèrement plus ancien raconte l'histoire du vêtement du Christ que les soldats ont joué aux dés au moment de la crucifixion pour déterminer qui pourrait l'avoir. Cet épisode est mentionné dans l'évangile de Jean[1]. Après ces versets, il n'est plus fait mention de ce vêtement dans les évangiles. Mais le film, se basant sur le livre éponyme[2], relate l'histoire de cette tunique. Quand Jésus est sur la croix, l'un des soldats qui a procédé à la crucifixion s'appuie contre le montant

1. Jean 19, 23-24.
2. Le livre, de Lloyd C. Douglas, a paru en anglais en 1942.

principal puis enlève précipitamment sa main tachée de sang. Il lève alors la tête, et par le même procédé décrit précédemment, nous voyons son expression changer alors qu'il contemple Jésus, dont le visage ne nous est pas montré. On réalise qu'il est bouleversé par ce qu'il voit, et cette rencontre du regard de Jésus orientera le reste de sa vie.

C'est de nouveau la même pudeur, le même respect pour la figure du Christ. Quel que soit l'acteur choisi, nul visage ne saurait incarner les traits de l'homme-Dieu ; on peut seulement les imaginer. Le réalisateur fait également preuve de respect et même d'amour pour les spectateurs, qu'il juge capables de créer leurs propres images de Jésus, de se laisser toucher par lui afin d'avancer sur leur chemin spirituel.

La gastronomie et le sacré

La nourriture, ou plus précisément la manière de préparer la nourriture, peut évidemment être un lieu de créativité et de spiritualité, l'occasion de mettre la créativité au service de la spiritualité. Un lien s'opère tout naturellement entre le fait de déguster un plat et de savourer la vie, entre le temps passé à cuisiner et l'amour des personnes qui vont manger ce qui a été préparé. Comme si un aliment délicieux aidait à percevoir la beauté de la vie et invitait à la goûter pleinement. Comme si, par le corps, l'âme était invitée à vivre en plénitude.

Le film *Babette* avait déjà illustré de façon magistrale à quel point un banquet concocté avec amour et dégusté lentement, en communauté, avait un pouvoir de transformation. Plus le repas avance, qu'une femme a préparé avec faste en y mettant toutes ses économies, plus les convives se détendent, sourient et se mettent à voir la vie avec plus d'optimisme, leur prochain avec davantage de bonté. L'impact de ces aliments délicieux et raffinés sur leur humeur et plus globalement sur tout leur être est palpable. La vie elle-même, grâce à cette expérience gustative réjouissante, prend une autre dimension et une saveur particulière : un goût d'éternité.

Mais je voudrais parler ici d'un autre exemple de créativité dans la gastronomie, celui que l'on découvre à la lecture du livre *Le goûter du lion*[1]. Ce roman illustre avec finesse combien la nourriture peut avoir des effets bénéfiques sur la fin de vie et revêtir une dimension spirituelle importante.

Shizuku, une jeune femme atteinte d'un cancer à un stade avancé, choisit de finir ses jours dans une maison de soins palliatifs qui s'appelle La Maison du lion. Dans cet établissement, chaque personne malade peut manger tout ce qu'elle veut sans restriction aucune. En outre, Shizuku y découvre une tradition dominicale particulière : chaque personne résidante peut demander, à un moment déterminé par la directrice, un menu particulier pour le goûter du dimanche. Ce goûter spécial est ensuite partagé par tous les pensionnaires réunis dans la salle à manger à quinze heures. Mais avant que le plat soit servi, l'une des personnes qui travaillent dans la maison lit à haute voix un texte écrit par celui ou celle qui a choisi la teneur du goûter. On comprend dès lors la signification du mets servi pour la personne malade et qui correspond généralement à un souvenir personnel.

1. Ito OGAWA, *Le goûter du lion,* roman traduit du japonais par Déborah Pierret Watanabe, Éditions Picquier, Arles, 2022.

Par exemple, un monsieur désire manger des cannelés. Dans son texte, il explique que cette pâtisserie française est liée au premier voyage qu'il a fait en France, à Bordeaux précisément, alors qu'il n'était encore qu'un étudiant sans le sou. Il y avait vécu une romance, découvert les cafés et s'était juré d'ouvrir un jour son propre établissement, ce qu'il avait fait à l'âge de trente-cinq ans. Ainsi, le goût du cannelé, avec son arôme de rhum, convoquait tous les souvenirs du jeune homme qu'il avait été, de la relation amoureuse vécue et de la naissance de sa vocation de cafetier. Retrouver le goût de ce petit gâteau lui permettait de se connecter à sa jeunesse et à ses rêves, à ce qui allait donner une direction à sa vie. On pourrait dire que le cannelé avait une fonction d'intégration de toute son existence.

Quand vient le tour de Shizuku, la protagoniste du livre, elle exprime le souhait de manger un gâteau mille-crêpes, une pâtisserie qu'elle avait confectionnée enfant pour l'anniversaire de son père. Elle se souvient de la peine qu'elle s'était donnée pour battre la crème à la main avant d'en enduire les crêpes, d'ajouter les confitures et d'empiler le tout. Mais le souvenir le plus précieux pour Shizuku, c'était la joie de son père. Comme si ce bonheur paternel « contenu » pour ainsi dire dans le goût du gâteau mille-crêpes allait faciliter son prochain départ de cette vie et lui assurer une certaine sérénité.

Il me paraît évident qu'une dimension spirituelle est présente dans ce rituel du mets spécial, car c'est ensemble que les malades le dégustent après avoir écouté ce que la personne autrice du menu du goûter souhaite partager. Cet aspect collectif permet une communion qui n'est pas sans rappeler – même si l'aspect religieux au sens strict n'est pas présent – nos eucharisties ou nos saintes cènes. Ces goûters particuliers revêtent un aspect sacré, car ils célèbrent l'unicité et le caractère précieux de chaque personne et de chaque vie.

Raccommoder… sa vie !

QUOI DE PLUS BANAL que de repriser un vêtement troué ou décousu ! Mais cette activité toute simple peut aussi s'avérer créative et, étonnamment, être au service de la spiritualité au sens large. En réalité, même s'il s'agit d'un simple raccommodage, l'enjeu dépasse souvent l'objet réparé et a une portée beaucoup plus profonde. C'est aussi le tissu de la vie qui se refait et s'unifie, le regard posé sur sa propre existence qui se pacifie, l'intégration de toute la vie qui progresse. C'est ce que j'ai expérimenté à deux reprises lorsque j'étais aumônière en maisons de retraite.

J'avais remarqué que la couverture du lit de Mme Collet avait des trous. C'était un ouvrage de couleurs vives, joliment exécuté au crochet, comme on en faisait autrefois. Mais les années et les lavages successifs avaient usé la laine, qui cédait par endroits.

Lors d'une de mes visites à Mme Collet, je lui ai demandé si elle m'autorisait à apporter de quoi boucher les trous de la couverture. Elle me donna son accord et c'est ce que je fis dès la visite suivante. Assise près du lit, sous le regard attentif de sa propriétaire, je réparai de mon mieux l'ouvrage ancien. Tout en reprisant, j'écoutais Mme Collet me parler de sa vie. Elle racontait la maladie de son mari, qu'elle avait soigné avec dévouement, et la gestion de son petit commerce de village.

Il restait encore cinq ou six trous à réparer lorsqu'elle me dit : « Cela suffit comme ça ! » J'eus beau répondre que j'aurais tôt fait de finir le raccommodage, elle n'en démordait pas. Pour elle, c'était suffisant, elle n'avait pas besoin que la couverture soit comme neuve. Elle pouvait fort bien s'accommoder de quelques trous. Je cédai, bien sûr, m'apercevant que ce n'était pas seulement de la couverture qu'elle parlait. La réparation concernait aussi sa vie. C'était comme si elle réalisait que celle-ci n'avait pas besoin d'être parfaite pour être accueillie et acceptée telle qu'elle était.

Je me rappelai alors le travail d'Erik Erikson sur les étapes de la vie et les différents défis qui se posent aux âges successifs de l'existence. Pour le grand âge, le défi est, selon lui, de parvenir à intégrer toute sa vie, telle qu'elle a été. Accepter que l'on a fait de son mieux et que, finalement, on peut accueillir et aimer cette vie-là. Si cette intégration ne peut se faire, la personne risque de sombrer dans le désespoir. Il y a donc un enjeu extrêmement important dans ce travail d'intégration, un enjeu proprement spirituel, et je pense que, pour Mme Collet, le raccommodage y a contribué à sa modeste mesure.

Mme Voisin possédait elle aussi une petite couverture confectionnée au crochet, savamment ajourée, dans les tons de brun, orange et jaune. Elle en était très fière, mais se désolait des déchirures qui commençaient à défigurer l'ouvrage, révélant par là son âge avancé. Elle m'autorisa à en prendre une photo pour que je trouve une laine qui s'harmonise avec ses couleurs. Et me voici, quelques semaines plus tard, en train de raccommoder la précieuse couverture.

Contrairement à Mme Collet, Mme Voisin consentit à ce que tous les trous disparaissent derrière mes points. Le résultat n'était pas impeccable, car ne sachant pas crocheter, je travaillais à l'aiguille, et l'harmonie du motif n'était pas tout à fait respectée. Mme Voisin faisait partie des personnes que je visitais régulièrement et nous avions noué une véritable relation de confiance. Elle m'avait confié des pans douloureux de son histoire, parfois dans les larmes et la peine, la colère ou la révolte. Réparer la couverture semblait aussi participer à l'intégration de sa vie. Elle commençait à pouvoir se pardonner certaines choses qu'elle se reprochait, et la couverture recousue symbolisait la paix qu'elle commençait enfin à goûter. Son existence n'avait pas été parfaite ni sans souffrance, mais c'était sa vie et elle s'y reconnaissait. Plus elle parvenait à accepter les épreuves qu'elle avait vécues et certains choix qu'elle avait faits, plus sa vie se « raccommodait » et prenait une allure qu'elle était capable d'assumer.

Une foi créative

L'école du dimanche
ou les couleurs de l'Ancien Testament

UNE PERSONNE A JOUÉ UN RÔLE très important dans le développement de ma créativité et, je crois, dans mon intérêt pour les liens qui unissent créativité et spiritualité. Sa façon toute personnelle de dispenser l'enseignement religieux dont elle avait la charge m'a durablement et salutairement marquée. Elle m'a montré, sans le savoir, le lien intime et profondément vivant qui existe entre la créativité et la foi. De façon merveilleuse, elle m'a ouvert le chemin que je continue à suivre aujourd'hui. Cette personne, c'est mademoiselle de Perrault.

Pendant toute mon enfance, mes parents se rendaient le dimanche matin au temple de Chêne-Bougeries. C'était une bâtisse ronde, dont toutes les rangées convergeaient vers la chaire. Le pasteur atteignait celle-ci en grimpant un petit escalier de bois en colimaçon. Parvenu en haut, il dominait véritablement tout l'espace de ce lieu sacré et, de là, pouvait haranguer l'assemblée des fidèles pendant une demi-heure ou plus au moment du sermon. L'atmosphère était dépouillée, austère et recueillie. Les livres de cantiques, recouverts d'une reliure verte ou rouge foncé, étaient posés sur le rebord de bois devant les sièges.

Mes parents connaissaient la plupart des chants par cœur. Le cantique le plus populaire était sans nul doute celui qui s'intitulait *À toi la gloire*. J'entends encore mon père l'entonner à pleine voix. Sur le « oi » de « victoire », le ton montait beaucoup, illustrant sans doute la foi inébranlable et joyeuse en la résurrection du Christ.

Heureusement, la création d'une « école du dimanche » devait nous libérer, ma sœur et moi ainsi qu'un certain nombre d'enfants, de l'obligation d'assister au culte, qui nous paraissait interminable et très ennuyeux. Cette activité était placée sous la responsabilité de mademoiselle de Perrault, une ancienne institutrice. Nous nous retrouvions dans les locaux de la paroisse, en face de notre école. C'était une maison vétuste de trois ou quatre étages qui aurait mérité de sérieux travaux de rénovation.

Mademoiselle de Perrault s'installait à un vieux bureau et nous prenions place sur des chaises disposées devant elle. C'est alors que la magie commençait. Au lieu de lire ou de nous raconter une histoire, la vieille demoiselle sortait de son sac toutes sortes de figurines en terre cuite, qu'elle déballait sous nos yeux ravis : moutons, vaches, chameaux, serviteurs et quelques maisons plantaient bientôt le décor. Le récit de la vie d'Abraham pouvait commencer. Aussitôt, nous oubliions les ciels gris de novembre pour nous laisser captiver par les aventures de notre illustre ancêtre dans la foi.

Notre conteuse saisissait la figurine qui le représentait, vieil homme respectable et barbu, vêtu d'une longue robe brune, et lui donnait vie en nous expliquant ses peines, son accueil de la Parole, son départ vers l'inconnu, sa foi. Il était vieux, le pauvre, et il n'avait pas d'enfant… À qui allait-il léguer son troupeau et tout ce qu'il possédait ? Était-il maudit pour ne pas avoir de descendance ? Nous en étions bouleversés et suivions avec un vif intérêt les rebondissements de son parcours.

Au fil des dimanches, d'autres personnages prenaient vie : Isaac, Jacob. Jacob qui revêt une peau de bête afin de tromper son père et de recevoir les droits réservés à l'aîné… L'image du vieil Isaac presque aveugle tâtant la peau de bête et la prenant pour la poitrine velue de son premier fils nous fascinait. La ruse nous paraissait grossière : comment le vieillard avait-il pu se laisser berner aussi facilement ? Un homme aussi avisé ! Et pourtant, nous expliquait notre fée de l'école du dimanche, les choses s'étaient bien passées ainsi. Peut-être qu'Isaac avait déjà l'esprit embrouillé, peut-être faisait-il confiance et était-il loin de se douter que son propre fils aurait pu le tromper. Ou alors, il avait cet obscur pressentiment que Dieu peut se servir de tout, même de nos coups tordus.

Nous réagissions vivement et commentions les faits avec passion. La distance temporelle n'existait plus ; nous accueillions toutes ces péripéties comme si elles étaient arrivées la veille à quelqu'un de notre entourage, et le fait qu'il s'agisse de personnages bibliques ne nous empêchait nullement d'attendre le même degré de cohérence et de vraisemblance que dans les aventures de n'importe lequel de nos contemporains.

Toujours à propos de Jacob, nous ne nous lassions pas de poser des questions sur l'échelle dont il avait rêvé, sur le fameux combat qui l'avait opposé à l'ange et sur la blessure à la hanche qui l'avait obligé à boiter. Tous ces éléments concrets, physiques, nous impressionnaient beaucoup et suscitaient une multitude de questions auxquelles notre chère demoiselle s'efforçait de répondre avec une patience infinie. L'histoire qui, personnellement, me marqua le plus fut celle de Joseph : abandonné dans un puits, trahi par ses propres frères, vendu ! J'étais subjuguée ! Le plus curieux était que Joseph finissait par pleurer abondamment en revoyant ses frères bien des années plus tard et qu'il n'avait de cesse de se réconcilier avec eux.

Ces histoires, mises en scène par les santons de mademoiselle de Perrault, s'imprégnaient profondément dans mon esprit et dans mon imaginaire. Des images s'y déposaient, des personnages s'y installaient, toute une cohorte de destins aussi hauts en couleur les uns que les autres formait peu à peu une colonne qui semblait me relier jusqu'à Adam et Ève. D'étrange façon, il me semblait que ces hommes et ces femmes constituaient ma famille, un réseau de liens non seulement spirituels, mais aussi humains.

C'est cette appartenance que la bonne mademoiselle de Perrault m'offrait sans le savoir : un terreau d'ancêtres spirituels qui avaient longuement marché dans la foi et m'ouvraient un chemin de vie et de foi. Ils me transmettaient leur expérience. C'est avec émotion que j'évoque cette femme merveilleuse, remplie à la fois de bonté humaine, de sagesse divine et d'une magnifique créativité.

Jésus créatif

Jésus est un homme extrêmement créatif. En fait, il l'est dans tous les aspects de son être et de sa vie, mais je me limiterai ici à relever quelques points.

La créativité apparaît d'abord dans son mode de vie : Jésus n'est pas marié, contrairement aux usages de son temps. Il a, dans ses dernières années de vie du moins, une existence itinérante. Il s'entoure d'un groupe de disciples, composé non seulement d'hommes, mais également de femmes, ce qui est tout à fait inédit pour son époque. De fait, Jésus crée une nouvelle façon de regarder les femmes : il les voit comme des êtres à part entière, dignes, respectables, fiables. Étonnamment, c'est à une femme, celle que l'évangile de Jean désigne comme « la Samaritaine », que Jésus dit sans voile qu'il est le Messie. À personne d'autre il ne révèle aussi clairement qui il est.

Il sort également des cadres en ne donnant que des enseignements oraux. Il n'écrit aucun texte, ne rédige pas de constitution ni de règles, manuels, liste de dogmes, etc. Comme s'il avait confiance dans la créativité de ses disciples et dans leur capacité de retenir et de transmettre l'essentiel de son message, révélé par ses paroles et aussi par ses attitudes et ses actes. Savait-il qu'il y aurait quatre récits, quatre évangiles, qui se contredisent parfois ? En réalité, il s'agit surtout de points de vue différents qui se complètent et s'enrichissent. C'est comme si Jésus croyait dans notre capacité créative de recevoir ces différents textes et de leur donner un sens. Il se fie à notre discernement et à notre créativité, comme il a eu confiance dans la parole humaine pour transmettre son message et l'écrire.

Jésus est également créatif dans sa façon d'enseigner, en ayant recours à des paraboles, ces courtes histoires qui permettent aux auditeurs qui le veulent bien de se reconnaître comme dans un miroir et d'avoir accès à des vérités profondes. Il est créatif dans le sens où il ne contraint personne à croire : il propose une histoire qui peut déclencher une prise de conscience, ou pas. La personne reste libre, sa conscience n'est aucunement forcée. En outre, la prise de conscience peut être multiple. Prenons l'exemple de la parabole du bon Samaritain[1]. La personne qui écoute cette histoire peut se reconnaître dans l'attitude du prêtre et du lévite qui détournent le regard, comme dans le comportement du Samaritain qui s'arrête et prend soin de celui qui est à moitié mort, et tout aussi bien dans la personne blessée elle-même.

1. Luc 10, 30-37.

Jésus est également créatif dans sa façon d'interagir, d'accompagner les personnes dont il croise le chemin. À cet égard, la rencontre avec la femme adultère, que des scribes et des pharisiens poussent vers Jésus alors qu'il enseigne dans le Temple, est emblématique. Ces hommes rappellent ce que la loi exige de faire dans ces cas-là, à savoir lapider la femme, et veulent savoir ce que Jésus pense. Jésus ne condamne pas celle qui a été prise en flagrant délit ; il ne critique pas non plus ses détracteurs. Il garde le silence, se penche et écrit par terre. Ce n'est que sur l'insistance de ses interlocuteurs qu'il prend la parole et prononce la phrase si célèbre : « Celui d'entre vous qui est sans péché, qu'il soit le premier à lui jeter la pierre[1]. »

Cette réponse est créative dans le sens où elle offre une troisième voie. À la question : faut-il lapider conformément à la loi, oui ou non ? Jésus invite à déplacer le regard de la loi au cœur humain. Comme s'il disait : « La loi propose un idéal ; que celui qui peut affirmer en toute honnêteté vivre toujours selon cet idéal applique ici ce que la loi exige. » La pédagogie de Jésus fait mouche, puisque le texte nous dit que ses adversaires « s'en allaient un par un, en commençant par les plus âgés », sous-entendant peut-être que l'âge procure une certaine lucidité sur soi-même.

À la fin du récit, Jésus dit à la femme qu'il ne la condamne pas et lui fait cette recommandation : « Va,

1. Jean 8, 7.

et désormais ne pêche plus[1] », ce qui a une tonalité un peu moralisante. Cependant, certains spécialistes attirent l'attention sur le fait que ces mots pourraient tout aussi bien être traduits par : « Ne manque plus la cible ! » Autrement dit : « Ne passe plus à côté de ta vie ! » Jésus a confiance dans la capacité de cette femme d'inventer une vie digne d'être vécue, une vie belle et à son image. Il s'en remet à sa créativité.

Un autre récit témoigne de la capacité de Jésus à être créatif dans ses réponses. À nouveau, selon l'évangéliste Marc, un piège est tendu à Jésus par des « pharisiens et des partisans d'Hérode » envoyés par les chefs du peuple. Après des compliments, ils demandent à Jésus s'il est permis de « payer l'impôt à César ». Jésus commence par qualifier leur intention de perverse, puis il demande à voir une pièce d'argent, leur fait prononcer le nom de celui dont on voit l'effigie (à savoir l'empereur), puis déclare : « Ce qui est à César, rendez-le à César, et à Dieu ce qui est à Dieu[2]. » À nouveau, il n'entre pas dans un débat binaire, il ne s'agit pas de choisir entre Dieu et l'empereur, mais bien de distinguer entre des loyautés et des allégeances spirituelles et temporelles qui ne s'excluent pas, mais se situent à des niveaux différents.

Autre signe de sa créativité, Jésus ne guérit pas à la manière d'un gourou, de quelqu'un qui a de

1. Jean 8, 11.

2. Les citations de ce paragraphe sont tirées de Marc 12, 13-17.

l'ascendant sur les gens et se situe au-dessus d'eux. Il y aurait de nombreux exemples pour étayer cette affirmation. Prenons celui de la rencontre de Jésus avec la femme cananéenne[1]. Cette femme crie vers Jésus tant et si bien que les disciples lui demandent de la chasser. Mais, comme tous ceux et celles que l'on voudrait faire taire dans l'Évangile, elle continue de plus belle à implorer Jésus pour sa fille, qui est sous l'emprise d'un démon. Curieusement, Jésus commence par l'ignorer, puis il se déroule entre la femme et Jésus un dialogue qui se termine ainsi : « Femme, grande est ta foi, que tout se passe pour toi comme tu le veux ! » Et le récit s'achève par ces mots : « Et à l'heure même, sa fille fut guérie. »

C'est une forme passive qui est utilisée, au passé. Jésus ne dit pas : « Je guéris ta fille ! » ou : « Que ta fille soit guérie ! » Il ne s'attribue pas la paternité de ce miracle. Il admire la foi de la femme et formule le vœu que les choses se passent selon son désir à elle. Les mots de Jésus rappellent la réponse de Marie à l'ange, lors du récit de l'Annonciation : « Que tout m'advienne selon ta parole ! » Marie, un être humain, consent à la volonté de Dieu. Cela semble dans l'ordre des choses. Mais ici, c'est Jésus qui consent à la volonté d'une femme ! Qui s'y soumet en quelque sorte. Cela établit une forme d'égalité extraordinaire entre Jésus et la femme : ils sont sur le même plan. L'histoire, on

1. Les citations de ce paragraphe se trouvent en Matthieu 15, 21-28.

l'a dit, se termine avec le constat de la guérison de la fille. Nous n'apprenons rien sur l'auteur de la guérison : cette dernière se produit, voilà tout. Comme si c'était la conjonction du désir profond de la femme, mère de la petite fille possédée par un démon, et de sa détermination, alliée à l'admiration de Jésus devant sa foi, qui offraient les conditions *ad hoc* pour que la guérison ait lieu. Jésus use de créativité pour coopérer, en quelque sorte, avec les ressources de cette femme dans la réalisation de son désir.

Et bien sûr, on peut considérer la résurrection du Christ comme l'acte créatif par excellence ! Ouvrir un chemin là où tout est bouché, là où se tient le mur de la mort. La résurrection est le sommet de la créativité de Dieu, une re-création, une nouvelle création.

Un Christ plus humain

L'AMBIANCE de l'un des premiers ateliers spirituels et créatifs auxquels j'ai participé m'a donné l'occasion d'humaniser mon image du Christ et de réaliser l'importance de l'attitude de l'animatrice. Sans son ouverture et sa bienveillance, je n'aurais pas pu faire l'expérience que gravité et légèreté, même du point de vue des représentations de réalités sacrées, peuvent faire très bon ménage.

J'avais peint un visage du Christ. J'avais choisi comme support une planche rectangulaire en contreplaqué. Le motif imitait celui du bois, et j'aimais bien l'aspect brut de ce matériau récupéré.

J'avais utilisé de la peinture acrylique, un médium nouveau pour moi. La tête du Christ occupait presque les deux tiers supérieurs de mon support, et dans le tiers inférieur, j'avais dessiné la silhouette de Jésus, comme un rappel de sa vie d'errant, lui qui était toujours de passage. Le visage était dans les tons de brun et d'ocre, et la silhouette se détachait, blanche, sur un fond vert et brun foncé. J'avais demandé conseil à l'animatrice pour la couleur de la bouche et des dents. J'avais appliqué la peinture de façon brute, en d'épaisses strates qui apportaient du relief au tableau. Finalement, je n'étais pas mécontente du résultat de mon travail.

Cependant, quelque chose manquait : ma peinture était trop sérieuse. Elle avait quelque chose de grave, de presque sombre. Il s'en dégageait une impression d'austérité qui ne me plaisait pas. Et voilà que ma main, soudain, plongea le pinceau dans de la peinture rouge et vint dessiner de petits ronds pourpres sur chacune des joues du Christ. Un puriste aurait pu trouver mon geste irrévérencieux, penser qu'il s'agissait d'un ajout insensé, ridicule, des traces d'une rougeole incompréhensible et inconvenante. Heureusement, l'animatrice qui nous accompagnait avait l'esprit large. Passant juste à ce moment près de moi, elle contempla les points rouges et sourit : « Oui, c'est bien ! » Elle les trouvait à propos, elle semblait penser qu'ils avaient tout à fait leur place sur l'auguste visage. Elle était d'avis que c'était effectivement la chose à faire, le petit je-ne-sais-quoi qui manquait à ma peinture. Pour moi, ces points rouges apportaient un aspect ludique et un soupçon de légèreté. Ils adoucissaient ma représentation du Christ et dédramatisaient quelque peu son image. Dans mon élan, j'ajoutai même quelques petites taches rouges sur le front et le menton.

Le fait d'avoir été accueillie, comprise et validée dans mon initiative a été très important pour moi. Cet événement tout simple m'a fait prendre conscience que deux domaines pouvaient fort bien cohabiter : la dimension spirituelle et le plaisir de créer, la gravité d'un visage du Christ avec la poésie de quelques pois rouges, un brin de folie, de la fantaisie. J'ai senti aussi que le processus créatif ne relevait pas seulement de l'intention réfléchie. Le corps jouait un grand rôle ; ma main avait eu envie de tremper le pinceau dans la peinture rouge et d'ajouter des points rouges et je l'avais laissée faire. Le mouvement et l'initiative de ma main avaient surpris ma tête, si je puis m'exprimer ainsi, et j'étais heureuse du résultat. La créativité, je le pressentais, était aussi ce lâcher-prise et cette confiance dans le corps et dans le geste qui veut s'accomplir. De plus, l'encouragement de l'animatrice me faisait comprendre l'importance d'un vis-à-vis dans le processus de création. L'accompagnement, discret et bienveillant, permet à la confiance en soi de grandir, à la liberté de s'installer. Grâce à cette artiste, j'ai pu apprendre à me fier à mes intuitions et à laisser mon corps me guider.

En rentrant de l'atelier, prise d'une sorte d'élan, je suis sortie dans le jardin et j'ai marché autour de la maison, près des arbres, le long de la barrière avec les voisins, en quête de matériel de création : un morceau d'écorce blanche de bouleau, tout enroulée sur elle-même, un peu de mousse, une branche aussi fine qu'un mikado, des morceaux de pommes de pin… Tout m'émerveillait, m'inspirait, devenait un potentiel élément de création, quelque chose à intégrer dans mes futurs collages. Je vivais dans cette maison depuis des années, mais c'est la première fois que je voyais ce qui l'entourait avec ces yeux. Mon regard avait changé, il voyait au-delà de la surface des choses. Il était en quête de beauté et de poésie. Cette recherche a débordé du cadre de mon jardin. Désormais, je ramassais des publicités à cause d'une couleur qui me touchait, d'une photo de dentelle qui me charmait. Les moindres morceaux de papier, de rubans ou d'images pouvaient être riches d'évocation et constituer de précieux alliés pour mes pages créatives, comme points de départ ou ajouts finals.

J'avais découvert la dimension poétique du monde qui m'entourait, et celle-ci me renvoyait au Créateur, présent dans sa création et qui, si l'on prêtait l'oreille, parlait à travers elle.

Voir l'Église autrement

En 2021, au début du synode convoqué par le pape François[1], j'ai participé à différentes rencontres. L'une d'elles m'a particulièrement touchée[2]. Elle était organisée dans le Centre spirituel dans lequel je proposais des ateliers. On m'avait demandé de participer à l'animation de cette rencontre, qui s'adressait à tout un chacun. La première partie se passait en petits groupes de partage. J'assurais l'animation d'une petite équipe, puis, après la pause, je reprenais l'animation du groupe en son entier.

Je proposai alors d'échanger sur ce que nous aimions dans l'Église, d'une part, et, d'autre part, sur ce que nous aurions voulu voir changer. Puis je posai

---

1. Le synode, selon le dictionnaire, est une « assemblée consultative et représentative du clergé et des fidèles d'un diocèse que l'évêque réunit pour délibérer sur la vie d'une Église locale ». Le mot lui-même signifie « marcher ensemble ».
2. Le synode qui a commencé en 2021 a été convoqué par le pape François sur le thème suivant : « Pour une Église synodale : Communion, participation et mission ». L'idée était que le plus de gens possible, dans et hors de l'Église, puissent donner leur avis sur ces sujets.

la question suivante : si on dessinait l'Église, si on la représentait par une image ou un symbole, qu'est-ce que cela donnerait ? Il y eut toutes sortes de réponses : une maison, un bateau, une église (bâtiment) et le père prodigue de la parabole, celui qui est appelé aussi père miséricordieux. Une fois toutes les options nommées, nous passâmes à un vote et c'est le père miséricordieux qui remporta le plus de suffrages.

Je me dirigeai alors vers une très grande feuille fixée au mur et dessinai le contour du père tenant son fils dans ses bras, pâle imitation du célèbre tableau de Rembrandt. Ensuite, j'invitai toutes et tous à venir écrire un mot ou à ajouter quelque chose au dessin, posant ainsi sa marque ou sa couleur propre sur la feuille. J'avais préparé le matériel nécessaire, et la plupart des personnes présentes vinrent inscrire ou dessiner un élément qui leur tenait à cœur sur l'œuvre collective.

Le résultat était surprenant et très touchant : je trouvais magnifique, déjà, de voir l'Église représentée par une personne, le Père, et non par un bâtiment ou une forme symbolique. Le côté institutionnel disparaissait presque pour mettre en valeur l'aspect spirituel et humain. L'Église était cet endroit où tout être humain était accueilli, quoi qu'il ait fait, embrassé par une personne de chair et de sang. Comme pour renforcer cet aspect, quelqu'un avait dessiné un cœur rouge, planté d'une croix pourpre sur la poitrine du personnage figurant le père. De ce cœur partaient beaucoup de rayons de la même couleur, dans toutes les directions. Je peux dire que, depuis cette rencontre, depuis ce dessin, je ne vois plus l'Église de la même façon ; quelque chose s'est approfondi, humanisé, a pris chair en moi, comme si j'avais réalisé que l'Église était avant tout appelée à incarner le visage du Père, qui nous accueille, nous rassemble et nous aime. Bien avant d'être une institution garante d'une doctrine, l'Église est une famille, un endroit où toute personne devrait pouvoir se sentir à la maison.

J'avais suggéré que l'on place à l'extérieur de la silhouette les choses que nous n'aimions pas et à l'intérieur ce que nous désirions garder. Ainsi, les mots *cléricalisme, divisions, bigoterie, curie* et *pouvoir* avaient été écrits à droite de la feuille, par différentes mains, ainsi que la phrase suivante : *Faites ce que je dis ! ! (pas ce que je fais)*. Quelqu'un avait dessiné une montagne très escarpée, tel un chapeau pointu abritant le mot *institution*. Une série de gros volumes ayant pour titres *Dogme 1, Dogme 2* et ainsi de suite prenait beaucoup de place.

Dans les inscriptions positives, il y avait les expressions *être visage du Dieu invisible, annoncer le Christ, faire par son Esprit qui nous conduit* et des mots tels que *imagination, tolérance, écoute, chant, le nouveau commandement, le partage de la Parole*. On avait colorié chaque doigt de la main droite du Père, posée sur le dos du fils, avec des couleurs différentes. Quelques oreilles avaient été esquissées, insistant sur l'écoute. Un sourire rouge éclairait le visage du père, et le mot *papesse,* en majuscules, couvrait son front. *La vérité vous rendra libre* était écrit en orange autour de sa tête. Enfin, de très grandes hosties jaunes, du bleu assez intense dans le ciel et du bleu plus pâle dans les bras du père apportaient encore de la vie à l'ensemble.

Un regard extérieur aurait pu penser que notre dessin collectif était au mieux hétéroclite et, au pire, franchement bizarre. Pour ma part, je le trouvai très réussi, dans la mesure où chaque personne présente à la rencontre avait eu la possibilité de s'exprimer. Ce n'était pas une vision rose ou idéalisée de l'Église ni, à l'opposé, un tableau trop noir. Toutes sortes d'opinions s'y exprimaient librement, dont le désir intense que l'Église renonce à son aspect trop institutionnel et dogmatique pour être plus à l'image du père aimant de la parabole.

Je crois que ce grand dessin collectif a joué un rôle très positif et rassembleur dans cette réunion. Contrairement à d'autres rencontres où j'avais eu l'impression de me livrer à un exercice très cérébral, cette soirée, s'achevant par un moment de créativité, avait su créer une communauté qui, oui, avait vraiment marché ensemble et imaginé collectivement l'Église que nous espérions.

L'Évangile en prison

La prison n'est généralement pas associée à la créativité, ni à la spiritualité d'ailleurs. Et pourtant, j'ai connu un prêtre, aumônier de prison, qui avait su faire vivre l'une et l'autre entre les murs de l'établissement pénitentiaire dans lequel il travaillait. Comédien amateur, il avait eu l'idée de faire jouer des passages évangéliques aux hommes auxquels il dédiait son ministère, comme s'il s'agissait de mini pièces de théâtre. Et cette initiative avait produit des résultats étonnants.

Une fois par semaine, les détenus qui le souhaitaient se retrouvaient avec l'aumônier pour une rencontre de groupe. La séance commençait par la lecture d'un passage de l'Évangile. Cela pouvait être l'appel de Matthieu, la guérison d'un aveugle, le paralytique que l'on fait passer par le toit d'une maison ou n'importe quelle autre péricope dans laquelle il se passe quelque chose, où une histoire est racontée. Un discours se prête moins bien à l'exercice. Puis, chacun était invité à opter pour tel ou tel personnage qu'il incarnerait ensuite. L'un des détenus choisissait de jouer Jésus, un autre se mettait dans la peau d'un disciple, un troisième dans celle d'un lépreux implorant sa guérison.

L'aumônier racontait avec émotion à quel point chaque acteur s'investissait dans son rôle et avait à cœur de saisir de l'intérieur ce que son personnage vivait. Il n'était pas rare que la scène soit interrompue parce que l'un de ses interprètes fondait en larmes ou se mettait en colère. L'aumônier attendait patiemment, laissait à la personne le temps de vivre son émotion et de se calmer un peu, et la scène reprenait. Par la suite, il ne cherchait pas à analyser ou à comprendre ce qui s'était produit. À la fin, ceux qui le désiraient pouvaient s'exprimer sur ce qu'ils avaient vécu, mais le partage était entièrement libre. Même si certains étaient plus touchés que d'autres, voire carrément bouleversés, personne ne sortait indemne de l'exercice.

Il arrivait qu'un détenu revienne plus tard sur ce qui s'était passé pour lui, en abordant le sujet avec l'aumônier dans un entretien individuel. Celui-ci constatait, émerveillé, combien les récits évangéliques rejoignaient les personnes dans leur vécu et leur histoire souffrante, à quel point les misères et les défis de ces habitants de la Palestine du premier siècle de notre ère parlaient encore aujourd'hui à des hommes d'une époque et d'une culture complètement différentes.

Le passage des deux larrons crucifiés aux côtés de Jésus se prêtait particulièrement bien à l'exercice. Pour mémoire, dans l'évangile de Luc, Jésus est crucifié entre deux « malfaiteurs[1] ». Imitant les chefs et les soldats présents, l'un d'eux s'adresse à Jésus pour lui intimer de se sauver lui-même et eux aussi. C'est l'autre malfaiteur, que la tradition nomme « le bon larron », qui prend la défense de Jésus. Il rappelle à son comparse qu'ils ont tous les deux mérité leur châtiment, au contraire de Jésus qui, lui, n'a « rien fait de mal ». Puis il se tourne vers celui-ci et lui demande de se souvenir de lui quand il viendra dans son Royaume. Et c'est alors qu'il reçoit cette réponse extraordinaire : « Amen, je te le dis : aujourd'hui, avec moi, tu seras dans le Paradis. »

Les détenus comprenaient à fond les sentiments des protagonistes : la colère, l'amertume, le sentiment d'injustice, le rapport complexe à la faute. Ils étaient révoltés par les paroles de défi adressées par le « mauvais larron » à Jésus en croix et bouleversés par l'attitude du bon larron, qui voit l'innocence de Jésus et parle en sa faveur. Ils étaient également saisis par l'attitude du bon larron, qui reconnaissait sa propre culpabilité et demandait à Jésus de se souvenir de lui. Le fait que Jésus l'accueille immédiatement, sans lui demander ni confession ni aucune démarche particulière, leur paraissait tout bonnement renversant.

Grâce à la créativité de leur aumônier et, bien sûr, grâce à leur ouverture, ces hommes pouvaient prendre conscience dans leur chair que les personnages de

---

1. Luc 23, 39-49.

l'Évangile étaient pétris de la même pâte humaine qu'eux. Leurs drames et leurs souffrances résonnaient dans leurs propres histoires, leur rencontre du Christ ouvrait des chemins nouveaux dans leur existence. Grâce à ces jeux dramatiques, ces hommes détenus pouvaient recouvrer une forme de liberté et être créatifs en imaginant des chemins nouveaux pour la suite de leur vie.

Du Journal créatif à l'Évangile

Il existe une méthode, dite du Journal créatif, qui propose une approche très utile tant au développement personnel qu'à l'exploration de la créativité. En mettant cet outil au service de la croissance spirituelle, j'ai expérimenté à quel point la créativité peut aider à réveiller les forces vives de la personne et lui permettre d'accéder à une source d'énergie intérieure intarissable et véritablement spirituelle.

C'est mon accompagnatrice qui, la première, m'a parlé d'un ouvrage qui, selon elle, avait toutes les chances de me plaire : il s'agissait du tout premier livre d'Anne-Marie Jobin, une art-thérapeute. Il portait sur cette méthode du Journal créatif qu'elle avait inventée[1]. Cet ouvrage contenait du texte, naturellement, mais aussi des photos de créations. Il avait pour but de faciliter le développement personnel, la connaissance de soi et la découverte des ressources intérieures inhérentes à chaque personne. À la même époque, j'eus l'occasion

1. Anne-Marie Jobin, *Le Journal Créatif*, Éditions du Roseau, Montréal, 2002.

de suivre à Québec des ateliers donnés par une animatrice formée à cette méthode et je me familiarisai peu à peu avec les trois langages proposés : le dessin, l'écriture et le collage.

J'avais un certain don pour le dessin, mais j'expérimentai très vite que le talent n'était pas forcément utile en Journal créatif. Souvent, les personnes qui n'avaient pas de facilité ou qui se considéraient comme « sans dessin » réalisaient des pages plus expressives que les personnes douées. Elles étaient moins préoccupées par le désir de bien faire ou par un souci d'esthétique. J'ai souvent admiré leur spontanéité et l'authenticité de leurs créations.

Quant à l'écriture, il s'agissait souvent d'écrire de façon spontanée et rapide, en se laissant aller, en évitant les filtres et en se laissant surprendre. En écrivant dans mon journal, je constatai que je faisais sans m'en apercevoir toutes sortes de fautes d'orthographe et j'en fus ravie ! C'était la preuve que je parvenais à débrancher mon censeur intérieur pour laisser libre cours à l'expression et à la création.

Séduite, je décidai quelques années plus tard de devenir animatrice en Journal créatif. Cette formation me permit vraiment de développer et d'enrichir ma propre créativité, tout en acquérant des outils d'animation.

Assez vite, j'eus le désir de mettre mon nouveau bagage au service de la spiritualité. C'est une jeune collègue qui eut l'idée que nous organisions un atelier ensemble en faisant alterner des moments de lecture de l'Évangile (qu'elle savait animer avec brio) avec des exercices de créativité. Nous lisions le texte tous ensemble, comme s'il venait d'être écrit, en mettant de côté nos connaissances sur le passage lu. Nous prenions les mots du texte vraiment au sérieux, afin de les laisser « parler » à nouveaux frais, puis nous invitions les personnes à un exercice de créativité concrète pour les aider à incarner vraiment la Parole lue ensemble.

Nous avions choisi le texte évangélique de Jésus qui accueille les enfants, alors que les disciples auraient voulu les chasser. Il y eut beaucoup de participants et ce fut une expérience extrêmement riche.

À la suite de cette première expérience sur le thème de Jésus et les enfants, je continuai à donner des ateliers du même type. Depuis 2018, j'intitule ces ateliers « Évangile et Journal créatif ». J'y expérimente à quel point la créativité s'avère un véritable chemin spirituel. Par les exercices créatifs, il est possible d'incarner davantage ce qui a été lu en l'inscrivant sur le papier, que ce soit par le dessin, l'écriture ou le collage. Ce faisant, la compréhension s'approfondit et des surprises se découvrent. Les personnes sont souvent étonnées et émerveillées de ce qu'elles créent et de ce qu'elles vivent dans ces ateliers. Utiliser ses mains pour créer facilite en quelque sorte l'appropriation des textes bibliques. La Parole lue en commun passe alors par notre corps et laisse une trace concrète sur le papier.

Comme si, grâce à ces exercices créatifs, elle pouvait prendre chair en nous. Elle sort du domaine intellectuel pour imprégner toute la personne.

Dans ces rencontres de deux heures trente, des temps de lecture alternent avec des exercices créatifs et des moments de partage. Pour les exercices, je commence par des démarches très simples, notamment des collages. Comme il s'agit de choisir et d'agencer des images préexistantes, le collage suscite moins de résistance que le dessin. L'exercice, selon les récits d'Évangile, peut aussi consister en une représentation abstraite de l'ambiance du texte, un mélange de couleurs par exemple. Ou bien les personnes sont invitées à imaginer un dialogue entre deux des personnages ou à composer leur propre « psaume », reprenant à leur compte l'angoisse ou la joie de l'un des acteurs. Il s'agit de trouver des propositions qui aident les participants à entrer dans la profondeur du texte, sans toutefois orienter leur compréhension ou leur interprétation de ce dernier. Il y a un équilibre délicat à maintenir.

Je garde le souvenir d'un atelier auquel participaient, entre autres, un professeur d'université et une jeune femme qui souffrait épisodiquement de troubles de santé mentale et n'avait pas fait d'études. Grâce à la lecture commune, ces deux personnes se trouvaient à égalité, au même niveau, et leurs prises de parole étaient, je dois dire, pareillement riches et intéressantes.

Je ne me lasse pas de constater combien une même consigne produit des résultats différents d'une personne à l'autre.

Lors d'un atelier autour du récit de l'Annonciation, par exemple, j'avais invité les personnes à choisir une couleur pour l'ange et une couleur pour Marie et à prendre deux papiers de soie de ces teintes-là. Puis, en collant, superposant, déchirant, découpant ces papiers à leur guise, elles « représentaient » ou évoquaient le dialogue que nous venions de lire entre Marie et son visiteur. J'avais à peine terminé les explications que prenaient forme devant mes yeux émerveillés des créations tout à fait étonnantes : l'une d'elles s'élevait en trois dimensions, une autre montrait le début d'un travail de tissage minutieux, d'autres accueillaient des superpositions qui jouaient avec les transparences et engendraient des nuances de couleurs magnifiques. Ces femmes (car il n'y avait, comme souvent, pas d'hommes ce jour-là) avaient plongé le plus naturellement du monde dans cette proposition et semblaient complètement à l'aise.

Lors d'un autre atelier sur Jésus et la femme adultère, j'avais été frappée en constatant que les personnes présentes avaient, pour la plupart, un vécu douloureux avec l'Église-institution. Elles se sentaient proches de cette femme rejetée, pointée du doigt, marginalisée et s'identifiaient à elle. C'était l'occasion d'explorer avec elles l'attitude d'accueil et d'ouverture de Jésus, qui ne condamne pas, mais remet les personnes debout.

J'ai constaté à de nombreuses reprises ce phénomène d'identification. Lors d'une rencontre sur Jésus et la Cananéenne, une personne a été très touchée et, sans entrer dans les détails, elle a partagé ceci avec nous :

— C'est moi ! Je me retrouve complètement !

Cela confirme mon impression : dans le fond, lorsque nous lisons le texte biblique, c'est d'une certaine façon le texte qui nous « lit », qui nous révèle à nous-mêmes, qui nous dévoile des aspects cachés de notre existence.

En raison de l'attention portée à tous les détails du texte, ce dernier devient concret, presque réel. Il prend chair devant nous, presque *en* nous. J'en veux pour preuve cette participante qui s'exclamait, à l'issue d'un atelier sur la résurrection de Lazare :

— J'ai vraiment l'impression que j'y étais !

Lors d'une session, je devais animer un atelier assez court sur le récit de Zachée, texte connu s'il en est. Après une demi-heure de lecture commune, je distribuai des silhouettes représentant Zachée, et les personnes étaient invitées à découper cette silhouette sur un fond de leur choix (trouvé dans des magazines mis à leur disposition), avant de la coller sur une feuille. Un monsieur avait choisi de découper la silhouette dans un papier au motif surprenant : fleuri, délicat, raffiné. Le Zachée qui figurait sur sa feuille à la fin de l'exercice était très impressionnant et touchant : une partie inconnue de lui (et sans doute aussi de la personne) se dévoilait, s'y révélait : un côté sensible, presque féminin. Peut-être qu'il aurait fallu quelques mois ou quelques années de psychanalyse pour arriver à cette découverte ! Et sa création venait éclairer le récit de façon différente. Ainsi le Journal créatif propose-t-il des détours qui sont en fait des raccourcis.

Le dessin, comme les images, parle mieux ou plus directement que les mots. Le vocable « prosterné », par exemple, qui apparaît dans plusieurs textes d'Évangile, parlera différemment selon qu'il est écrit au tableau ou dessiné : un trait horizontal avec un rond à une extrémité et des pieds à l'autre. Le dessin peut être très schématique, de style bonhomme allumettes, il reste qu'une image montre mieux, illustre plus justement le caractère incarné des mots. On dirait que le dessin parle à notre corps, constituant une sorte de corps à corps !

Comme je l'ai déjà évoqué, le groupe stimule la créativité individuelle. Cependant, il peut arriver qu'une femme soit intimidée par la facilité ou le talent artistique d'une autre participante et me l'exprime. C'est l'occasion alors, pour la personne, de prendre conscience de cette dévalorisation de soi et de décider de ne pas se laisser impressionner, mais de se concentrer plutôt sur ce qui s'exprime dans ses créations à elle. L'important n'étant pas le résultat esthétique ou artistique, mais bien le processus créatif et l'expression personnelle.

Pour ma part, j'ai remarqué que les pages que je crée à la suite d'une lecture commune animée par quelqu'un d'autre sont un peu différentes de celles que je réalise dans un contexte plus intime. Elles sont surprenantes, m'étonnent, n'ont pas tout à fait le même style que les autres. Comme si, sans le vouloir consciemment, j'y faisais preuve de plus d'audace. Peut-être que, là encore, cet « autre chose qui parle » s'exprime plus facilement lorsqu'un groupe est présent.

Lire la Bible ensemble

L'INTERPRÉTATION est un acte créatif dans bien des domaines, et il l'est en particulier dans la lecture commune de la Bible. Cette façon de lire et d'interpréter un texte en groupe me paraît créative, car elle requiert de mettre nos connaissances et nos sentiments à distance pour laisser place à du neuf, un sens encore inconnu, mais qui va émerger de l'acte commun de la lecture. C'est aussi dans son présupposé que ce type de lecture est créatif : il postule que le texte biblique a toujours quelque chose de neuf à nous dire, qu'il est impossible d'en faire le tour, qu'il est inépuisable. Lire l'Évangile ensemble permet à la Parole de prendre chair en nous, afin que toute notre vie devienne créative, que nous-mêmes devenions cocréatrices et cocréateurs.

La lecture commune, aussi appelée lecture spirituelle, est affaire d'interprétation, mais il s'agit d'une interprétation un peu guidée. Je me souviens d'une personne, lors de la lecture d'un récit d'Évangile, qui était persuadée que Jésus était fâché ; elle « sentait » qu'il était furieux et n'en démordait pas. Or, rien dans le texte ne permettait d'étayer cette affirmation. C'est un exemple d'une interprétation erronée, qui consiste sans doute plus en une projection (en l'occurrence d'une émotion vécue par la personne au moment de la lecture) qu'en une lecture qui s'appuie sur les mots du texte.

Une autre interprétation abusive serait d'affirmer que la barque, quel que soit le texte dans lequel elle apparaît, est forcément et toujours le symbole de l'Église. Ici, ce ne sont pas les sentiments propres qui sont projetés sur le texte, mais des connaissances. Sentiments et connaissances préalables, lorsque nous les transposons sans discernement, peuvent nous éloigner de ce que le texte cherche à nous dire. Ces éléments bien humains qui nous habitent tous peuvent museler ou déformer la Parole et faire barrage à l'Esprit Saint.

C'est pourquoi il est bon de lire « à la juste distance », avec un certain recul qui nous aide à ne pas « fusionner » avec nos sentiments ou nos connaissances, dans un espace de liberté qui nous aide à lire et à écouter le texte tel qu'il est. C'est tout particulièrement ses étrangetés qu'il s'agit de lire avec prudence, en se gardant des explications hâtives. Donner trop vite une raison à une bizarrerie du texte équivaut à le niveler. Il est bon au contraire de respecter ce qui est rugueux, ce qui nous étonne et nous interpelle, voire nous dérange. Lorsque nous prenons le temps, en groupe, de nous laisser déranger et travailler par une chose étrange, un sens nouveau et inattendu peut parfois apparaître.

Prenons un exemple, tiré de l'évangile de Jean au chapitre 20. Voici le premier verset :

> Le premier jour de la semaine, Marie-Madeleine se rend au tombeau de grand matin ; c'étaient encore les ténèbres. Elle s'aperçoit que la pierre a été enlevée du tombeau.

Le texte affirme à la fois que Marie-Madeleine se déplace « de grand matin » et que « c'étaient encore les ténèbres » ! Alors quoi ? Il fait encore nuit ou il fait déjà jour ? Nous sentons la contradiction que ce verset contient. La tentation est alors de concilier les deux éléments contradictoires : le « grand matin » signifierait que le jour n'est pas encore levé, même s'il va bientôt le faire, et donc, il fait encore noir. Cette explication satisfait peut-être notre besoin de cohérence, mais elle « aplatit » le texte, elle ne respecte pas sa complexité. Elle l'empêche de nous souffler un autre sens, plus profond.

Le premier verset parle de « matin », donc il fait jour, au moins un peu, puisque Marie « s'aperçoit » que l'entrée du tombeau est dégagée. Elle ne pourrait pas voir cela s'il faisait nuit. Il faut donc chercher autrement et ailleurs la signification de ce premier verset. Un sens qui se donnera petit à petit, grâce aux intuitions des différents membres du groupe. Il se pourrait bien qu'il faille changer de niveau : peut-être que les ténèbres dont il s'agit sont intérieures. Elles pourraient se situer dans le cœur de Marie-Madeleine, même si, à l'extérieur, le jour se lève et la lumière pointe déjà.

Se dégage alors de ce premier verset une profondeur qui serait restée cachée dans la première interprétation plus rationnelle du texte.

Prenons un autre passage, tiré de l'évangile de Luc, au chapitre 7. Il s'agit du récit de la rencontre de Jésus avec une veuve qui vient de perdre son fils unique. Jésus la croise alors qu'elle s'apprête à enterrer son fils, accompagnée d'une foule. Jésus est touché. Écoutons un passage de ce récit :

> Il s'approcha et toucha le cercueil ; les porteurs s'arrêtèrent, et Jésus dit : « Jeune homme, je te l'ordonne, lève-toi. » Alors le mort se redressa et se mit à parler.

Le mort se redresse et se met à parler ! Mais s'il bouge et s'exprime, c'est qu'il est vivant ! Comment un mort pourrait-il faire quoi que ce soit ? Nous sentons bien que le texte résiste à notre logique, à notre besoin de rationalité. C'est un beau défi, en groupe, que de se confronter à cette bizarrerie et de prendre le temps de laisser émerger peu à peu non pas une explication, mais un sens. Tout récemment, lors de la lecture de ce texte, une participante a risqué cette interprétation :

— Peut-être que c'est pour dire que l'homme est vraiment mort. Il ne fait pas semblant.

Et une autre personne a renchéri :

— S'il était vraiment mort, le fait qu'il se redresse et parle apparaît comme quelque chose d'encore plus extraordinaire !

La lecture en groupe permet d'élargir la compréhension et de découvrir tous ensemble le sens qu'un texte peut avoir pour un groupe précis en un temps donné. Ce travail est créatif, car il postule que ce qui sera découvert n'est pas « écrit à l'avance » ; le message est toujours neuf et n'épuise jamais le texte, qui devient une source d'eau vive intarissable. Ici encore, créativité et spiritualité marchent main dans la main, celle-là se mettant au service de celle-ci.

Accompagnement spirituel créatif

L'ACCOMPAGNEMENT SPIRITUEL se marie très bien avec la créativité, car, par essence, l'accompagnement n'est pas écrit d'avance, c'est une improvisation. La personne qui accompagne suit le rythme de l'accompagné, marche avec lui ou elle, sans savoir où ce chemin aboutira. Ce qu'elle tente d'entendre et d'accompagner, chez l'autre qu'elle écoute, c'est le mouvement de la vie. Parfois, cette dernière est bien cachée, voire étouffée derrière beaucoup de croyances ou de sentiments contradictoires, voire de grandes souffrances. Il s'agira de traverser toutes ces couches de protection pour pouvoir dégager la source de la vie, pour la laisser jaillir librement. Pas de recettes pour ce chemin, pas de réponses toutes faites. Il s'agit pour la personne accompagnatrice de se laisser guider par ce qu'elle perçoit, par son expérience, sa connaissance du chemin spirituel et son intuition.

J'ai déjà montré, par quelques exemples, comment le dessin peut aider dans cette démarche, notamment quand il s'agit de traverser une souffrance. J'ajouterai simplement le cas de Bernadette, qui arrive un jour en larmes à son accompagnement. Elle sort une feuille sur laquelle elle s'est dessinée : elle est à plat ventre, face contre terre, et la botte noire d'un grand personnage semble l'écraser et la clouer au sol. Le talon de la botte est au niveau du dos.

— C'est comme cela que je me sens ! Écrasée, humiliée, terrassée ! Je ne compte pour rien ! On ne me respecte pas, je suis à terre, je n'en peux plus !

Bernadette pleure et exprime non seulement sa tristesse, mais aussi sa rage.

— Qu'est-ce qu'il s'est passé ? Tu me racontes ?

Bernadette fait le récit des événements qui ont conduit à ce qu'elle se sente tellement bouleversée. Les pleurs s'apaisent peu à peu et le propos devient plus clair.

Dans un premier temps, le dessin semble amplifier les sentiments qu'ils symbolisent, comme s'il rendait réel le mal qui a été subi. Il permet à la personne d'en prendre conscience et de le ressentir véritablement. En même temps, le dessin met la souffrance à une certaine distance. Il la « sort » symboliquement de la personne pour la coucher sur le papier. Dès lors, le malaise se laisse observer, décrire, mesurer. Il s'offre à la critique et à la discussion. Peu à peu, grâce à la parole échangée, le choc s'adoucit, la souffrance se fait moins vive et se laisse petit à petit apprivoiser. Comme si la parole humanisait la souffrance.

Le dessin peut aussi être utilisé dans la suite du processus. L'accompagnatrice pourrait suggérer à Bernadette de dessiner la posture physique et psychique qu'elle aimerait désormais adopter. Cela permettrait une projection positive qui aiderait, là encore, à mettre la personne en marche pour sortir de sa situation souffrante.

Ce mot « posture » vient réveiller un lointain souvenir. Il s'agit d'Éric, qui me raconte l'un de ses accompagnements, une rencontre décisive, avec une personne accompagnatrice décédée depuis. Alors qu'il parle d'un malaise, celle-ci lui demande de se lever et d'adopter la position physique correspondant à cette sensation désagréable. Sans réfléchir, il se lève, s'assied dans un coin de la pièce et se recroqueville en position fœtale. À peine la position prise, l'émotion le saisit et le voilà secoué de sanglots. En même temps, des souvenirs anciens reviennent à sa mémoire. Il se revoit, enfant, cloîtré dans la cabane du jardin dans lequel son père l'enfermait lorsqu'il n'était pas « sage ». Le lieu est exigu, obscur, l'enfant est terrassé par la peur, la tristesse et un grand sentiment de solitude.

L'accompagnatrice d'Éric avait su faire preuve de créativité en le faisant passer par son corps, par la mémoire de son corps. Éric me confie le soulagement et la libération qu'il avait ensuite ressentis. La peur des espaces fermés s'était estompée et ses malaises diffus avaient diminué.

Je recevais Violaine chaque semaine dans le cadre de stages de formation. Il ne s'agissait pas d'un accompagnement spirituel, pas officiellement du moins. Violaine avait simplement besoin d'aide. Et voilà que, semaine après semaine, elle m'entretenait d'un sujet qui m'ennuyait beaucoup. Elle recevait des appels téléphoniques anonymes, sans paroles, qui duraient quelques secondes avant de s'interrompre. Elle ne savait pas, naturellement, qui appelait. Elle se perdait en conjectures interminables sur la raison de ces appels et sur leurs possibles auteurs. Pour ma part, je peinais à l'écouter et à m'intéresser à ses paroles. Ces séances me pesaient de plus en plus.

Mais un jour, je reçus une lumière : si je m'ennuyais, c'était de ma faute ! Je ne savais pas écouter, je n'arrivais pas à la conduire vers un niveau plus profond. Je résolus alors « d'asseoir » le Christ avec nous lors de la prochaine rencontre, sur une chaise imaginaire, afin qu'il me donne d'écouter comme lui, à sa manière. Le jour de la rencontre suivante arriva et je fis ce que j'avais projeté. Lorsque la personne commença à parler de son sujet de prédilection, je remarquai que je ne l'écoutais plus de la même façon. Plutôt que de reformuler tel ou tel élément du contenu, je me mis à refléter ce que je percevais de son vécu.

— Cela vous inquiète, ces appels anonymes…

— Oui, ça m'inquiète. Ça me fait peur !

Très vite, l'échange prit une tournure beaucoup plus profonde et personnelle. Violaine ne tarda pas à aborder les raisons de sa peur et à raconter des souvenirs violents et douloureux dont elle n'avait encore jamais parlé.

À la fin de cette rencontre, j'étais dans l'émerveillement et pleine de reconnaissance. Grâce à mon changement d'attitude intérieure, la personne avait enfin pu dire ce qu'elle cherchait à exprimer depuis longtemps : son insécurité, sa peur, le poids de la souffrance laissée par d'anciens traumatismes. Sûrement, mon hôte avait pris place sur la chaise invisible que je lui avais attribuée ! J'éprouvais une grande joie, celle d'avoir pu être aidante et celle de réaliser que le Christ ne se préoccupait pas seulement de la vie spirituelle des personnes, mais qu'il était réellement passionné par ce qui touche chaque être humain, chaque vie, dans chacun de ses aspects : tout l'intéressait ! Ma créativité, dans cette situation, avait consisté à imaginer le Christ assis avec nous, à me laisser inspirer et à écouter d'une façon nouvelle, qui avait été extrêmement féconde.

Récemment, une personne m'a demandé de l'accompagner dans son discernement en vue d'une décision qu'elle devait prendre. Comme la personne était à l'aise avec le dessin et les approches créatives, je lui ai proposé d'introduire les outils du Journal créatif dans son processus. Nous nous sommes rencontrées virtuellement chaque jour pendant une petite semaine.

Je l'écoutais, puis lui présentais l'étape suivante avec quelques propositions créatives. Ce pouvait être, par exemple, dessiner l'attitude d'indifférence nécessaire à tout discernement : quelle forme avait-elle, quelle couleur ? Je pouvais aussi l'inviter à faire des exercices par rapport aux psaumes que je l'invitais à prier, aux récits évangéliques que je lui suggérais ou aux sentiments qui naissaient en elle au fil des jours. La personne a très bien intégré les différentes propositions, qu'elle adaptait librement et complétait même avec des dessins, des peintures ou de l'écriture spontanée.

Il m'a semblé que les pages de ses créations, lorsque nous les regardions ensemble, figuraient une sorte de tiers qui nous aidait à réfléchir, à prendre de la distance, et qui lui permettait de voir plus clair dans ses motivations, d'en reconnaître les aspects jusque-là moins conscients. Par rapport à d'autres discernements que j'ai eu l'occasion d'accompagner, il me paraît que cette manière de faire permet au processus de ne pas être trop réflexif, mais de passer véritablement par le corps et le cœur de la personne.

La personne accompagnatrice pourra aussi avoir recours à la poésie pour favoriser la croissance spirituelle de celles et ceux qu'elle accompagne. L'écriture, et tout particulièrement la poésie, peut être un outil intéressant pour les aider à avancer sur leur chemin de foi.

Marianne a reçu de son milieu assez strict une conception de la foi plutôt austère. Sa spiritualité inclut un code de conduite précis, dont l'effort est une des valeurs phares. Lorsqu'elle s'imagine le chemin spirituel, elle voit un sentier qui monte vers une montagne, de plus en plus raide. Cependant, elle n'est pas du tout consciente de l'aspect « coûteux » et austère de sa conception. Pour elle, tout va bien et elle chemine aisément.

Son accompagnatrice tente de lui faire réaliser à quel point elle est exigeante envers elle-même, mais Marianne reste imperméable à ces allusions. Elle est persuadée d'avoir raison et de vivre le mode de vie que tout chrétien devrait adopter.

Lors d'une de ses rencontres d'accompagnement, Marianne est d'accord de s'essayer à un moment un peu ludique : son accompagnatrice lui propose d'écrire un pantoum. Le pantoum est une forme de poème (qui comprend quatre strophes de quatre lignes chacune), dans lequel certains vers sont répétés selon une structure donnée. Ces répétitions confèrent une sorte de balancement au poème, qui réserve en outre un effet de surprise pour son auteur, car la dernière strophe est entièrement composée de vers déjà écrits.

Le titre que Marianne donne à son pantoum est *Mon chemin de foi*. Elle y décrit son parcours avant et après sa conversion. En parlant du temps d'« avant », elle écrit : « Cette vie sans Dieu était très dure. » Puis, au vers suivant, elle poursuit ainsi : « Tellement pénible, presque un calvaire. » Or, dans la dernière strophe, là où quatre vers déjà composés précédemment se placent dans l'ordre dicté par la structure du pantoum, le vers « Tellement pénible, presque un calvaire » prend un tout autre sens ! Voyons le poème dans son entier.

Mon chemin de foi

1 Autrefois, je n'avais pas la foi
2 Cette vie sans Dieu était très dure
3 Tellement pénible, presque un calvaire
4 J'ignorais qu'il existait une autre voie

2 Cette vie sans Dieu était très dure
5 Mais un jour, je rencontrai le Christ
4 J'ignorais qu'il existait une autre voie
6 Alors tout se mit à changer

5 Mais un jour, je rencontrai le Christ
7 Le sentier se fit doux et aisé
6 Alors tout se mit à changer
8 Un chemin fait de nouvelles habitudes

7 Le sentier se fit doux et aisé
1 Autrefois, je n'avais pas la foi
8 Un chemin fait de nouvelles habitudes
3 Tellement pénible, presque un calvaire

Après l'avoir composé, Marianne lit son poème à haute voix. Après le dernier vers, elle reste sans mots. Le hasard de la structure du poème donne à la dernière ligne un sens qu'elle n'avait absolument pas soupçonné : alors que, pour elle, ces mots décrivaient sa vie d'avant sa conversion, voici que maintenant, ils s'appliquent à son aujourd'hui, à ce « chemin de nouvelles habitudes » qui est le sien et dont elle commence à percevoir l'aspect contraignant et difficile.

Le poème lui ouvre les yeux d'un coup ! Marianne est un peu ébranlée, mais elle sourit et accueille ce message avec soulagement. Puis, elle s'ouvre sur ce « calvaire » dont le poème parle et sur son désir de découvrir une façon plus douce et plus humaine de vivre sa foi. Ce sera le sujet des nombreux entretiens qui suivront.

Grâce à ce moment de poésie, grâce à la magie du pantoum, « autre chose » a pu parler et révéler à Marianne la dureté dont elle faisait preuve envers elle-même et qui venait bien plus de son éducation et de ses conceptions sévères que du message évangélique. C'est alors que son chemin se fit véritablement « doux et aisé ».

Conclusion : une histoire sans fin

Les histoires sont merveilleuses, dans la mesure où elles nous font vivre par procuration différentes situations, une gamme immense de sentiments et d'innombrables vies. Les histoires s'apparentent aux jeux. Selon Winnicott, le jeu propose un espace où tout est possible[1]. Là, nous pouvons être nous-mêmes ou quelqu'un d'autre, nous pouvons faire « comme si », tenter toutes sortes de choses et sortir des sentiers battus sans que cela ait de conséquences fâcheuses. C'est un lieu de liberté et de gratuité où, débarrassés des règles habituelles, nous nous trouvons plus disposés à accueillir la grâce, l'autre nom de ce qui « parle » quand on lui en laisse l'occasion.

Cependant, toutes les histoires ne se valent pas. Certaines sont prévisibles, conformistes, voire moralisantes. Leur composante didactique peut les rendre ennuyeuses. D'autres au contraire sont pleines de fantaisie, elles ouvrent de nouvelles perspectives et

1. Donald Winnicott, *Jeu et réalité. L'espace potentiel*, Gallimard, Paris, 2022.

invitent à porter sur le monde un regard nouveau. Les histoires ne recèlent pas toutes la même dose de poésie.

Je voudrais partager ici avec vous une histoire tirée de l'un de mes livres préférés[1] et qui est à mes yeux un exemple de grande créativité. C'est une histoire dans l'histoire. Pendant les vacances, l'héroïne, une enfant du nom de Manuela, accepte que sa grande cousine Irène lui raconte un conte avant de dormir. Dans ce récit, une petite fille passe ses journées à attendre sa mère, qui travaille à l'extérieur, et elle a pour consigne de n'ouvrir la porte de la maison à personne. Évidemment, un beau jour, quelqu'un frappe et insiste avec une voix si douce que l'enfant finit par tirer les trois verrous qui barrent la porte et protègent, chacun, d'un bruit particulier : les craquements du bois, les rugissements du vent et tous les autres sons. Paradoxalement, au lieu que le vacarme assaille la fillette, le silence devient total. Elle ouvre alors la porte et, surprise, constate que l'hiver est fini et que le temps est beau ; elle a le sentiment qu'elle n'aura plus jamais peur.

Manuela, qui écoute l'histoire, demande alors : « Il n'y avait personne ? » Et Irène lui répond : « Personne. Il n'y a jamais personne, Manuela. Il n'y a que les histoires que l'on veut bien se raconter [...] [2]. » L'enfant est désorientée par ce dénouement pas comme les autres.

---

1. Maruja TORRES, *Une chaleur si proche,* traduit de l'espagnol par Jean-François Carcelen, Éditions Métailié, Paris, 1998.
2. *Ibid.,* p. 170.

Je trouve que cette histoire est profondément créative, car elle déjoue les attentes de Manuela. En ouvrant la porte, la fillette ne se trouve ni devant un monstre ni devant un prince. L'histoire ne se termine ni bien ni mal. En réalité, elle ne fait que commencer. Cet espace au-delà de la porte, avec le beau temps et le chant des oiseaux, représente tout le champ de la créativité, l'espace des possibles. Chacun, chacune peut inventer sa propre histoire à partir de la porte qui s'ouvre. Il n'y a personne, certes, mais c'est justement pour laisser place à l'invention et à la création. Personne ne se trouve devant la porte, mais la fillette qui l'a ouverte, elle, est bien là, et cette absence de vis-à-vis devient l'invitation à devenir l'actrice et la créatrice de sa vie.

Table des matières

Toile de fond

Créer au quotidien

L'art, chemin spirituel

Une foi créative

Achevé d'imprimer
sur les presses de
Imprimerie H.L.N.
Imprimé au Canada - Printed in Canada